4차 산업혁명

초등 교과 연계

국어

3학년 1학기 9. 어떤 내용일까
3학년 2학기 3. 내용을 간추려 보아요
4학년 1학기 1. 생각과 느낌을 나누어요
4학년 2학기 4. 글 속의 생각을 찾아
5학년 1학기 4. 작품에 대한 생각
5학년 2학기 9. 다양하게 읽어요
6학년 1학기 2. 다양한 관점
6학년 2학기 9. 생각과 논리

사회

3학년 1학기 3. 교통과 통신 수단의 변화
3학년 2학기 2. 시대마다 다른 삶의 모습
4학년 1학기 4. 시대마다 다른 삶의 모습
4학년 2학기 3. 사회 변화와 문화의 다양성
5학년 1학기 4. 우리사회의 과제와 문화의 발전
6학년 2학기 4. 변화하는 세계 속 우리

| 일러두기 |

- 외국 지명과 인명 등은 국립국어원의 외래어 표기법을 따르되 관용적인 표기와 동떨어진 경우 절충하여 관례에 따랐습니다.
- 본문에 사용한 사진 일부는 저작권자 확인 불가로 부득이하게 허가를 받지 못하고 사용하였습니다. 추후 저작권이 확인되는 대로 적법한 절차에 따라 저작권료를 지불하겠습니다.
- 본문의 동화는 실제 사례를 바탕으로 작가의 상상력을 더해 재구성한 이야기입니다. 각 장 뒤의 편지글 역시 4차 산업혁명 기술을 활용한 사람이나 관련 직업인의 경험을 상상 및 재구성한 이야기로 실제와는 차이가 있을 수 있음을 밝혀 둡니다.

4차 산업혁명

이현희 글 | 홍지연 그림

서유재

현실로 다가온 미래,
4차 산업혁명이 뭐예요?

2030년이 되면 현재 있는 직업의 절반이 사라질 거래요. 그때가 되면 어린이 여러분이 어른이 되어 사회생활을 시작할 무렵이네요. 혹시 불안하거나 걱정이 되나요?

인류 역사 속에서 인간은 1, 2, 3차 산업혁명을 거치며 많은 변화를 겪었어요. 1차 산업혁명은 인간의 노동을 기계가 대체하는 시기를 말해요. 18세기, 영국에서 방적 기계와 증기 기관이 발명되며 시작되었어요. 사람의 손으로 물레를 돌려 실을 뽑다가, 산업혁명 이후 기계를 이용해 몇 배 빠른 속도로 면직물을 생산하게 되었지요. 농사를 짓던 사람들은 도시와 공장으로 몰려들었어요. 산업 구조도 농업 중심에서 공업 중심으로 바뀌었지요.

그로부터 100년 후, 전기가 등장했어요. 석탄보다 싼 전기로 기계를 돌리다 보니 일이 편해졌고, 대량 생산도 가능해졌어요. 그전에는 부피가 가벼운 물건을 만드는 경공업 중심의 산업이었다면 이때부터 철강, 배 같은 무거운 제품이나 석유 화학 분야의 제품을 생산하는 중화학 공업이 크게 발전했지요. 이 시기를 2차 산업혁명이라고 해요.

3차 산업혁명은 1990년대, 컴퓨터와 인터넷이 등장하면서 시작돼요. 정보 통신과 자동화 생산 시스템이 도입되어 우리 산업은 비약적으로 발전하게 되지요. 이때를 정보화 시대라고 부르기도 해요. 우리가 사는 현재가 바로 3차 산업혁명 시대예요.

이처럼 인류는 그동안 사회·경제적인 큰 변화를 겪었지만 잘 적응하고 이겨내며 살아왔어요.

그런데 또다시 변화가 찾아오고 있어요. 바로 4차 산업혁명이에요. 인공지능과 로봇, 사물인터넷, 빅데이터, 3D프린터 등 첨단 과학 기술이 4차 산업혁명을 이끄는 핵심 기술이지요.

조종사 없이 비행하는 드론이 사람을 구하는 데 이용되고, 빅데이터로 테러범을 잡기도 해요. 인공지능과 사람이 대화를 나누며 우정을 쌓고, 가상

훈련으로 수영을 배울 수도 있어요.

이 기술들은 어린이 여러분이 주인공이 되어 살아갈 미래에는 더욱 당연한 기술이 될 거예요.

그러한 변화 속에서 10년, 20년 뒤 우리가 아는 일자리의 절반이 사라진다는 예측은 어떻게 보면 자연스러운 결과일 수도 있어요. 역사 속 몇 차례의 산업혁명으로 사라진 직업도 있고 새로 생겨난 직업도 있었던 것처럼 말이에요.

하지만 예측은 아직 예측일 뿐! 너무 불안해하지 말아요. 대신 현재를 만들어 가는 기술이 무엇인지, 새로운 기술이 미래를 어떻게 바꾸어 나가는지, 이해하고 상상해 보는 연습을 해 봐요. 그렇게 한 걸음씩 나아가면 불확실한 미래도 씩씩하게 헤쳐 나아갈 힘이 생길 거예요.

이 책이 여러분의 꿈과 미래를 안내하는 지도가 되었으면 좋겠어요. 낯설게 느껴질 수 있는 4차 산업혁명 이야기를 쉽게 이해할 수 있도록 동화로 꾸

몄답니다. 이미 현실에서 활용되는 기술이기 때문에 세계 곳곳의 실제 사례를 소재로 삼았어요. 여기에 각 기술들이 어떤 원리로 작동되고 우리에게 어떤 도움이 되는지, 또 반대로 어떤 문제를 일으키는지도 같이 다루고 있어요.

그럼 세계 어린이들이 들려주는 4차 산업혁명 이야기 속으로 함께 들어가 볼까요?

 차례

여는 말 | 현실로 다가온 미래, 4차 산업혁명이 뭐예요?   4

세상을 바꾸는 힘 - 빅데이터   12
마틴이 꿈꾸던 '평화'를 위해서

궁금한 이야기 ++   22
- 빅데이터는 얼마나 클까?   • 빅데이터, 3V를 기억해   • 빅데이터, 어디에 쓰일까?
- 빅데이터가 빅브라더?   • 우리들의 빅데이터를 보호하자!

 빅데이터로 짜장면을 팔았어   27

진짜야? 가짜야? - 가상현실   28
젖지 않는 수영으로 물 공포를 이겨요!

궁금한 이야기 ++   37
- 가상현실을 보여 주는 특별한 장치   • 가상현실은 어떻게 진짜처럼 느껴질까?
- 가상현실, 어떻게 쓰일까?   • 사이버 멀미를 조심해

 화성 여행을 다녀왔어   41

생명을 살리는 똑똑한 비행 - 드론 42
엄마와 동생을 구한 작은 날갯짓

궁금한 이야기 ++ 51
- 벌처럼 높게, 빠르게, 드론이 뭐야?
- 드론은 어떻게 혼자 날까?
- 드론, 어디어디에 쓰일까?
- 드론 조종은 이렇게!

 네팔 지진에서 사람을 구했어 57

세상에서 가장 따뜻한 손 - 3D프린터 58
다니엘에게 찾아온 놀라운 선물

궁금한 이야기 ++ 67
- 3D프린터로 빠르게, 뚝딱뚝딱!
- 3D프린터는 어떻게 물건을 인쇄할까?
- 3D프린터, 어디에 쓰일까?
- 3D프린터가 범죄에도 이용된다고?

 한 명을 돕는 일은 여럿을 돕는 일 71

떨어져 있어도 괜찮아! – 사물인터넷　72
점박이를 지켜주는 똑똑한 인터넷

궁금한 이야기 ++　80
- 언제부터 사물들이 인터넷으로 연결되었을까?
- 사물은 어떻게 정보를 주고받을까?
- 사물인터넷, 어떻게 쓰일까?
- 보안이 뚫렸다! 좀비 IoT를 막아라!

 미래 도시에서 온 편지　85

인간을 닮은 컴퓨터 – 인공지능　86
거스와 시리의 우정 이야기

궁금한 이야기 ++　95
- 무한한 가능성을 가진 인공지능
- 인공지능은 사람과 어떻게 대화할까?
- 인공지능, 어디에 쓰일까?
- 인공지능 로봇이 내 일자리를 빼앗는다고?

 음악이 인공지능을 만날 때　99

기적의 걸음을 선물하다 - 웨어러블 로봇　100
알바로를 일으켜 준 로봇, '아틀라스 2020'

궁금한 이야기 ++　110
- 점점 발전하는 웨어러블 로봇
- 웨어러블 로봇은 어떻게 움직일까?
- 웨어러블 로봇, 어디에 쓰일까?
- 비싼 가격이 걸림돌이야

 사이보그 올림픽에서 1등을 했어　114

25년 만에 집으로 - 공간정보　116
소년에게 찾아온 기적의 지도

궁금한 이야기 ++　126
- 미래사회의 길잡이, 공간정보
- 공간정보와 지리정보시스템(GIS)
- 공간정보, 어디에 쓰일까?
- 나만의 지도 앱 개발
- 구글이 한국의 공간정보를 노린다고?!

 세계 최고의 안전벨트　130

추천의 글 | 배성호(전국초등사회교과모임 공동대표)　131
참고한 자료　134

세상을
바꾸는 힘

빅데이터

빅데이터는 '크다'라는 뜻의 '빅(big)'과 '정보'를 뜻하는 '데이터(Data)'를 합친 말이에요. 말 그대로 '엄청난 양의 데이터'를 의미하지요. 여기에는 디지털 환경에서 만들어지는 숫자와 문자, 영상까지 모든 형식의 데이터가 포함돼요. 빅데이터는 넓은 의미로 다양한 데이터를 빠르게 처리해 필요한 정보를 얻어 내는 기술을 말하기도 한답니다.

"마틴이 꿈꾸던 '평화'를 위해서"

2013년 4월 15일. 미국 보스턴의 한 마라톤 대회에서 폭탄이 터져 많은 사람이 다쳤어요. 당시 여덟 살 마틴을 포함해 세 명이 숨지고 200여 명이 큰 부상을 입었지요. 동생 제인도 폭탄 파편이 박혀 다리 한쪽을 잃었고, 엄마는 머리를 크게 다쳤어요.

마틴네 가족과 수많은 시민을 다치게 한 범죄자들을 잡는 데는 빅데이터의 힘이 컸어요. 어마어마한 양의 정보를 이용해 단 4일 만에 잡을 수 있었지요. 이를 계기로 빅데이터는 범죄자를 잡거나, 범죄를 예방하는 데 중요한 도구로 활용되고 있어요.

많은 보스턴 시민이 마라톤 희생자들을 추모했어요. 사진(왼쪽) 속 소년이 바로 마틴이에요. 시민들은 부상자들을 위로하기 위해 신발 아래 꽃을 놓아두기도 했어요.

마라톤 대회에서 터진 폭탄

2013년 4월 15일, 미국의 '애국자의 날'이라는 기념일을 맞아 매사추세츠 주 보스턴에서는 마라톤 대회가 열렸어요. 해마다 2만여 명이 넘는 마라톤 선수들이 출전하지요. 축제를 즐기기 위해 거리로 나오는 시민도 50만여 명에 달했어요.

제인도 엄마와 두 오빠와 함께 대회 현장에 나왔어요. 아빠가 마라톤 선수로 출전했거든요. 제인은 결승선에서 아빠가 오기를 기다리며 열심히 응원했어요.

오후 2시 45분. 한 무리의 선수들이 결승선을 향해 달려왔어요. 아빠도 그 틈에 얼굴을 내밀었어요.

"아빠, 아빠! 저 여기 있어요."

제인이 아빠에게 힘차게 손을 흔들며 외쳤어요. 이에 질세라 첫째 오빠 헨리와 둘째 오빠 마틴도 아빠를 향해 소리쳤지요.

"아빠, 저희도 여기서 응원하고 있어요."

"결승선이 얼마 안 남았어요. 힘내세요."

오랜 달리기로 지쳐 있던 아빠는 아이들 응원에 기운을 냈어요. 남은 힘을 끌어 올려 결승선을 향해 질주했지요. 마침내 골인하던 순간이었어요.

콰쾅!

엄청난 폭발 소리와 함께 땅이 심하게 흔들렸어요. 희뿌연 연기가 하늘 높이 치솟았어요. 관중석을 막아 놓은 바리케이드가 무너지고, 선수와 시민 들이 잇따라 쓰러졌어요. 하지만 놀랄 사이도 없이 약 10초 뒤, 다시 폭발 소리가 들렸어요.

콰쾅.

소리가 들려온 곳은 첫 번째 폭발 지점에서 170미터 정도 떨어진 뒤쪽 블

록이었어요.

여기저기에서 살려 달라는 소리가 들렸어요. 아이들도 엄마, 아빠를 찾으며 울어 댔어요. 축제의 현장은 순식간에 아수라장으로 변해 버렸지요.

뒤늦게 정신을 차린 아빠는 부리나케 가족들에게 달려갔어요. 엄마와 헨리가 정신을 잃고 바닥에 쓰러져 있었어요. 제인도 다리에 피를 흘리며 기절해 있었지요. 아빠가 울며 주변에 도움을 요청했어요. 곧 구조 요원들이 달려와 제인네 가족을 구급차에 태웠어요.

그런데 둘째 마틴이 보이지 않았어요. 아빠는 뿌연 먼지 사이를 헤집고 다니며 마틴을 찾았어요. 찌그러진 바리케이드 옆에 마틴이 쓰러져 있었어요.

"마틴! 마틴! 정신 좀 차려 봐."

아빠가 애타게 불렀어요. 하지만 마틴은 이미 숨진 상태였지요. 누가 다치는 것만 봐도 같이 아파 하던 착한 아들이었어요. 그런 아들이 갑자기 목숨을 잃다니, 아빠는 믿을 수가 없었어요.

빅데이터, 용의자를 추적하다

사건 발생 두 시간 후. 보스턴 블랙 팔콘 터미널에 긴급 수사 본부가 세워졌어요. 에프비아이와 매사추세츠주 경찰은 이번 폭발을 테러 사건으로 보았어요.

"이미 세 명이 숨졌어요. 부상자도 200명이 넘는 것 같고요. 또 다른 테러가 일어날 가능성이 커요. 빨리 범인을 잡아야 합니다."

에프비아이의 총지휘 아래, 본격적인 수사가 시작됐어요. 수사원들은 폭발 현장의 주변 도로를 통제하고, 증거들을 샅샅이 수집했어요. 다행히 결승선 부근에서 폭탄의 잔해가 남아 있는 검은색 가방이 발견됐어요. 폭탄을 만든 솜씨가 어설픈 게 전문 테러범의 소행은 아니었어요.

그러나 더 이상의 증거는 나오지 않았어요. 범인을 봤다는 목격자도 없었지요. 다른 방법을 찾아야 했어요.

다음 날, 조사팀은 기자 회견을 열고, 시민들에게 도움을 요청했어요.

"마라톤 대회 사진이나 영상을 가진 분들은 보스턴 경찰서나 에프비아이에게 보내 주시기 바랍니다. 작은 단서라도 범인을 잡는 데 도움이 되니 적극 협조해 주십시오."

기자 회견이 끝나자마자 놀라운 일이 벌어졌어요. 단 1분 만에 1만 2천 개의 파일이 서버에 올라온 거예요. 사건 발생 전후로 촬영한 사진과 동영상, SNS 대화 기록 등 다양한 정보들이었어요. 그 뒤로도 셀 수 없이 많은 정보가 빠른 속도로 보내졌어요.

조사팀도 마라톤 전 구간의 통화 기록과 현장 주변의 상점, 주유소, 식당 등에 설치된 600여 대의 시시티브이 영상들을 빠짐없이 수집했어요.

순식간에 엄청나게 방대한 정보들이 모였어요. 분석가들은 수집한 데이터를 종류별로 분류하고, 하나하나 확인하며 용의자를 좁혀 나갔어요.

"여기 움직임이 수상한 남자가 있어요. 후드 티에 야구 모자를 쓴 사람이에요."

한 분석가가 폭발 현장 부근의 식당에서 찍은 시시티브이 영상을 가리키며 외쳤어요. 영상에는 결승선 방향을 바라보는 수십 명의 시민들이 찍혀 있었어요. 그런데 유독, 한 남자만 다른 방향을 쳐다보고 있었어요. 바로 후드 티를 입고 야구 모자를 쓴 남자였어요. 그 남자는 어깨에 멘 검은색 가방을 바닥에 슬며시 내려놓고는 그 자리를 빠져나갔어요.

"폭탄이 들어 있던 가방이군. 이놈이 테러범이야. 누군지 빨리 알아내."

분석가들은 용의자 얼굴이 선명하게 찍힌 다른 영상을 찾았어요. 그리고 그 영상 속에서 공범으로 보이는 또 다른 남자를 발견했어요.

테러범들의 정체를 밝힌 조사팀은 그들의 뒤를 쫓았어요. 치열한 추격전 끝에 범인을 붙잡았지요.

테러범의 체포 소식은 뉴스 속보를 통해 미국 전역으로 퍼져 나갔어요. 그때 제인은 다리 수술을 받고, 병원에 누워 있었어요.

"아빠, 마틴 오빠를 죽인 범인이 잡혔대요."

제인이 눈물을 글썽이며 말했어요. 그리고 마틴의 사진을 꺼냈어요. 학교에서 주최한 '평화 걷기' 행사에서 찍은 사진이었지요. 사진 속 마틴은 '더 이상 사람을 해치지 마세요, 평화!'라고 직접 쓴 카드를 들고 해맑게 웃고 있었어요.

'오빠, 범인이 잡혔어. 시민들이 보내 준 정보가 큰 힘이 됐대. 세상 사람들이 오빠의 바람처럼 살았으면 좋겠어. 그런 날이 오기를 나도 열심히 기도할게. 사랑해.'

제인은 눈을 꼭 감고, 같은 아픔이 반복되지 않기를 간절히 빌었어요.

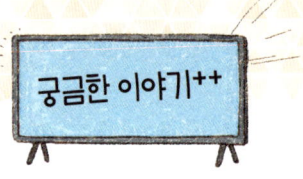

빅데이터는 얼마나 클까?

빅데이터는 1PB(페타바이트) 이상의 크기를 말해. 1MB(메가바이트)를 한 스푼의 모래로 가정한다면 1GB(기가바이트)는 큰 생수통 절반 정도, 1PB는 부산 해운대 백사장 모래 양이야.

1MB   <   1GB   <   1PB

우리가 자주 찍는 휴대폰 사진으로 비유해 볼까? 보통 사진 한 장이 1~3MB 정도니까, 1PB는 적은 용량의 사진으로는 10억 장, 큰 용량으로는 약 3억 장이 모인 크기야. 정말로 '빅(Big, 크다는 뜻)~' 하지.

흔히들 우리는 지금 '빅데이터 시대'를 살고 있다고 해. 모든 일상이 데이터로 기록되어 쌓이고 있거든. 집집마다 컴퓨터와 스마트폰 한 대씩은 갖고 있잖아. 우리가 문자를 하고, 이메일을 보내고, 글을 쓰고, 영상을 올릴 때마다 엄청난 데이터가 생성되고 있어. 그래서 필요한 데이터를 잘 수집하고 저장해 분석하는 빅데이터 기술이 더욱 중요해지고 있단다.

빅데이터, 3V를 기억해

단순히 양이 많다고 빅데이터가 되는 게 아니야. 중요한 특징 세 가지가 있어야 해. 바로 '많은 양(Volume), 다양성(Variety), 빠른 속도(Velocity)'야. 전문가들은 각 단어의 앞 글자를 따서 '3V'라고 얘기해.

데이터의 형태는 문자나 음성, SNS에서 나누는 대화, 신용카드 사용 기록, 시시티브이에 찍힌 영상 등으로 매우 다양해. 이 안에는 숫자, 문자, 음성, 이미지 등이 섞여 있지. 또한 이 어마어마한 데이터가 쌓이고 처리되는 속도가 매우 빨라 실시간으로 보이고, 들리고, 저장되고, 분석될 수 있을 정도야.

우리 속담에 '구슬이 서 말이라도 꿰어야 보배'라는 말이 있어. 이처럼 빅데이터 기술에서 유용한 가치를 얻으려면 정보를 많이 모으는 것도 중요하지만 데이터를 잘 분석하고 활용하려는 노력도 중요해.

빅데이터, 어디에 쓰일까?

오바마 대통령의 당선 비결

미국의 오바마 대통령은 2012년, 재선을 준비하며 빅데이터를 이용했어. 유권자들의 SNS, 신용카드 내역, 구독하는 신문 등의 정보를 분석해 개개인의 성향을 파악했지. 그리고 이들에게 맞는 정책을 개발해 기업가에게는 경제 정책을, 학부모에게는 교육 정책을 중점적으로 알리며 지지를 호소했어. 그 결과 오바마 대통령은 재선에 성공할 수 있었단다.

서울시 올빼미 버스

서울시에서 심야에만 운영하는 '올빼미 버스'도 빅데이터 기술의 대표적인 성공 사례야. 지하철과 일반 버스가 끊기는 자정부터 운행되는 버스이지. 그런데 노선을 정

서울시 심야 전용 버스는 N으로 시작하는 번호를 달고 있어.

하려고 보니 어느 노선이 필요한지 아무런 정보가 없었어. 서울시는 빅데이터를 이용하기로 했어. 밤늦은 시간에 콜택시를 부르는 통화 기록 30억 건과 심야 택시를 타고 내리는 승객들의 데이터 500만 건을 모아 분석한 거야. 이를 바탕으로 현재 아홉 개의 노선이 완성되어 활발하게 운행되고 있단다.

나에게 맞는 제품을 알려줘

빅데이터가 가장 많이 쓰이는 경우는 기업들이 마케팅을 할 때야. 기업에서는 우리가 인터넷에 저장하는 방대한 양의 데이터를 분석해서 취향과 취미, 습관과 생각까지 알아내. 그 정보로 소비자들이 좋아할 만한 상품을 딱 맞게 추천해 주지.

범죄를 막아라

경찰청은 112 신고 전화 내용과 사건 정보 기록물 등을 빅데이터로 분석했어. 그 결과로 범죄가 일어날 가능성이 높은 시간대와 상황을 알아냈지. 이런 정보를 경찰 관용 지도 앱에 담아 범죄를 막는 데 활용하고 있어. 이처럼 과거와 현재의 빅데이터를 분석하면 질병을 예방하듯이 사고를 미리 막을 수 있단다.

빅데이터가 빅브라더?

영국의 소설가 조지 오웰의 소설 『1984년』이라고 들어 봤어? 이 소설에는 '빅브라더'가 모든 개인을 감시하는 사회가 등장해. 사생활을 침해받는 사회는 단지 소설 속 이야기만은 아니야.

좋아하는 BJ의 동영상을 모아 보거나 숙제를 하려고 인터넷을 검색한 기록, 온라

어린이들이 많이 오가는 초등학교나 유치원 근처에는 대부분 시시티브이가 있어. 아이들의 안전을 지켜 주는 역할도 하지만 언제, 어디에서, 무슨 옷을 입고 누구와 같이 다니는지 등을 누군가가 알게 되기도 하지. 시시티브이에 대한 너희 생각은 어떠니?

25

인 게시판에 올린 질문 등 우리가 좋아하고 궁금해하는 것들이 모두 다 데이터로 수집될 수 있잖아. 그걸 누군가가 일일이 들여다보지는 않을까, 그 빅데이터로 누군가가 날 감시하지는 않을까 걱정되기도 해. 우리 모습이 시시티브이에 찍히는 횟수가 하루 평균 30여 차례나 된다는 통계도 있지. 사람들을 안전하게 보호하려고 설치한 것이긴 하지만 나도 모르게 누군가 지켜보고 있다니, 괜히 으스스해져.

우리들의 빅데이터를 보호하자!

빅데이터가 우리를 감시하고 조종하는 데 쓰이지 않도록 마련된 제도가 있어. 바로 개인정보보호법이야. 우리 이름, 주민등록번호 등의 중요한 정보를 마음대로 조회할 수 없고 우리 동의 없이 다른 사람에게 함부로 넘겨주면 안 된다는 내용이지.

우리도 스스로 개인정보를 보호하려는 노력이 필요해. 웹사이트에 회원 가입을 할 때는 개인정보를 어떻게 취급하는지 약관을 잘 살펴보는 것도 필요한 일이야. 비밀번호는 영어와 숫자 등을 섞어 누군가가 쉽게 추측할 없도록 만드는 것이 안전해. 또한 비밀번호를 주기적으로 바꿔 주는 것도 좋은 방법이란다.

빅데이터로 짜장면을 팔았어

안녕, 난 데이터 과학자야. 수많은 데이터를 체계적으로 수집하고 분석해 미래를 예측하는 일을 하지. 내 분석 결과가 맞아떨어질 때 기분은 정말 최고야.

그런데 데이터 분석은 데이터 과학자만 할 수 있는 일이 아니야. 누구나 데이터 분석을 통해 생활 속 문제를 해결할 수 있어. 그 예를 하나 들려줄게.

몇 년 전, 한 남자가 직장에서 은퇴 후, 짜장면 가게를 차렸어. '사장님' 소리를 듣는 게 평생 꿈이었거든. 그런데 장사가 잘 되지 않았어. 어떤 날은 짜장면 재료가 많이 남고, 어떤 날은 너무 적게 준비해서 손해를 보았지.

그때 대학생이던 그의 아들이 빅데이터를 통해 하루에 재료를 얼마나 준비해야 하는지 보자는 아이디어를 냈어. 그래서 아버지 가게에서 일하면서 6개월 동안 짜장면 판매 데이터를 직접 수집했어. 계절과 날씨, 주말, 입학식 같은 변수에 따라 짜장면 판매량이 어떻게 달라지는지 분석했지.

그 결과, 꽤 정확한 짜장면 판매량을 알아냈어. 이를 바탕으로 재료를 준비하니 낭비할 일이 없었지. 가게 매출은 빠르게 늘어났어. 아들은 큰 보람을 느꼈지. 그래서 대학 졸업 후, 데이터 분석가가 되었어.

혹시 눈치챘어? 맞아. 바로 내 이야기야.

요즘 인기 직업 중 하나가 '데이터 과학자'라고 해. 그만큼 빅데이터가 실생활에 활용되는 일이 많아졌다는 뜻이겠지. 혹시 무언가를 분석하거나, 생활 속 불편함을 해결하고 싶은 친구가 있다면, 데이터 과학자라는 직업에 관심을 가져 봐.

기대된다. 훗날 너희와 내가 같은 공간에서 빅데이터를 분석하고 있는 그날이.

짜장면을 좋아하는 데이터 과학자가

진짜야? 가짜야?

가상현실

'가상'이라는 말은 있는 것처럼 보이지만 실제로는 존재하지 않는 현상을 말해요. 가상현실은 현실이 아닌 공간이나 상황을 컴퓨터 프로그램을 통해 진짜처럼 체험하게 도와주는 기술이지요. 가상현실을 이용하면 놀이공원에 가지 않아도 진짜 바이킹을 타는 것처럼 짜릿한 기분을 느낄 수 있어요. 맨몸으로 깊은 바닷속을 탐험할 수도 있고요. 영어로는 VR이라고 쓰는데 진짜처럼 '눈에 보이는(Visual)' '현실(Reality)'을 줄인 말이에요.

"젖지 않는 수영으로 물 공포를 이겨요!"

스웨덴 사람들은 어릴 때부터 수영을 배운대요. 그런데 어린이 다섯 명 가운데 한 명은 물이 무서워서 수영을 못 한다고 해요. 2016년 스웨덴 수영연맹과 에너지회사 'E.ON'은 '별과 함께 수영(simma med stjärnorna)'이라는 가상현실을 만들어 물 공포증이 심한 아이들에게 보여 주었어요. 가상의 수영장에서 훈련을 체험한 아이들은 놀랍게도 물 공포를 극복하고, 진짜 물속에서 수영을 할 수 있게 됐어요.

한 스웨덴 소녀가 가상의 수영장에서 물과 친해지는 중이에요.(왼쪽) 가상현실 속에서는 실제 선수들이 물속에서 차근차근, 친절하게 안내해 준답니다.(오른쪽)

물은 너무 무서워

"오늘도 아이들이 겁쟁이라고 놀리겠지. 학교 가기 싫어."

스웨덴에 사는 알리는 몸을 배배 꼬며 이불을 머리끝까지 덮어썼어요.

오늘은 학교에서 수영 수업이 있는 날이에요. 스웨덴은 학교에서 물에 빠졌을 때 스스로 생명을 지킬 수 있도록 생존수영을 가르쳐요. 스웨덴은 바다로 둘러싸여 있고 호수도 만여 개나 되거든요. 혹시 모를 사고에 대비해 아이들에게 여름에 하는 수영법, 겨울에 하는 수영법, 응급 처지법까지 두루두루 가르치지요.

이런 교육 환경에서 자란 아이들은 돌고래처럼 수영을 잘했어요. 그런데 알리는 물에 들어간다는 생각만 하면 소름부터 돋았어요. 뒤이어 온몸이 떨리고 숨이 턱 막혀 왔지요. 이게 다 2년 전, 가족들과 바다로 놀러 갔다가 물에 빠져 죽을 뻔한 기억 때문이에요.

수영을 못 하는 알리를 보고 아이들은 겁쟁이라고 놀렸어요. 그래도 놀림보다는 물에 들어가는 일이 훨씬 무서웠어요. 꾀병을 부려 학교를 빠질까도 싶었지만 엄마한테 들켰다간 혼쭐이 날 게 뻔했지요. 결국 알리는 무거운 발걸음으로 학교로 향했어요.

수영 수업이 시작되자 아이들은 거침없이 물에 뛰어들었어요. 알리도 수영장 앞으로 다가갔어요. 마음 같아서는 멋지게 다이빙하고 싶었어요. 그런데 막상 바닥이 훤히 보이는 시퍼런 물을 보니 온몸이 덜덜 떨려 왔어요.

물 앞에서 주춤하는 그때, 개구쟁이 올리버가 알리 뒤로 살금살금 다가왔어요. 그리고 알리의 등을 수영장 쪽으로 확 밀었어요. '첨벙' 소리와 함께 물보라가 일었어요. 물에 빠진 알리는 팔다리를 마구 허우적댔지요. 그럴수록 물은 입과 코로 쏟아져 들어왔어요. 숨을 쉴 수도, 정신을 차릴 수도 없었어요.

한참을 허우적거리는데 갑자기 땅에 발이 닿았어요. 알리는 발끝에 힘을 잔뜩 주며 일어섰어요. 그러자 물이 가슴 높이에서 찰랑거렸어요. 그 모습을 본 올리버와 다른 아이들은 큰 소리로 웃어 댔어요.

"역시 알리는 겁쟁이라니까. 하하."

알리는 이를 악물고 다짐했어요.

'두고 봐. 꼭 수영을 배워서 본때를 보여 주겠어.'

젖지 않는 수영

방과 후, 알리는 체육 선생님을 찾아가 고민 상담을 했어요. 알리의 이야기를 들은 선생님은 잠시 기다리라며 무언가를 찾기 시작했어요. 그리고 음악을 들을 때 사용하는 헤드폰과 고글처럼 생긴 특수 안경을 가져왔어요.

"너는 물을 무서워하니까 이 방법이 효과적일 것 같구나. 바로 가상현실로 수영을 배워 보는 거야. 가상현실이라고 게임할 때 많이 들어 봤지?"

"가짜인데 진짜처럼 만든 공간을 말하는 거잖아요. 가상현실 게임 해 봐서 잘 알아요. 자동차 경주 게임인데, 진짜 차를 운전

하는 것처럼 실감 나서 종종 하거든요."

"잘 안다니 다행이구나. 이 특수 안경은 가상현실 체험을 도와주는 장비야. 'HMD'라고 부르는데, 안경처럼 쓰면 가상 수영장이 나타날 거야. 물에 직접 들어가지 않아도 수영을 배울 수 있지."

"진짜 물에 안 들어가도 돼요? 그럼 지금 바로 해 볼래요."

알리는 먼저 헤드폰을 귀에 걸쳤어요. 그리고 HMD는 헬멧처럼 머리에 썼어요. 그러자 바로 가상현실 체험이 시작됐어요. 자기가 수영장 한가운데 서 있는 거예요. 신기한 마음에 고개를 두리번거렸어요. 그러자 알리의 움직임을 따라 눈앞의 영상도 달라졌어요. 위를 보면 높은 천장이 보였고, 아래를 보면 수영장 바닥이 보였어요. 진짜 수영장에 온 것처럼 모든 공간이 입체적으로 나타났지요. 가상 세계라는 사실이 믿기지 않을 정도로 생생했어요.

그때 수영복을 입은 사람들이 나타나더니 알리에게 인사를 건넸어요.

"안녕, 친구. 반가워요. 우리는 스웨덴 국가대표 수영선수들이에요. 지금부터 우리가 수영을 가르쳐 줄게요. 어서 물 안으로 들어와요."

선수들의 목소리는 눈앞에서 직접 말하는 것처럼 선명했어요. 그런데 막상 물속으로 들어가려니 두려움이 앞섰어요. 가상이라고 하지만 시퍼런 물이 자신을 집어삼킬 것 같았거든요.

'괜찮아. 이건 현실이 아니고 가상이잖아. 난 할 수 있어.'

알리는 스스로를 다독였어요. 그리고 용기를 내며 물속으로 들어갔어요.

수영 선수들은 알리에게 호흡법과 기본자세를 가르쳤어요. 알리도 열심히 배웠어요. 다음에는 잠수를 배울 차례였어요. 선수들이 잠수하며 시범을 보여 주었어요.

알리는 다시 망설여졌어요. 그때 '겁쟁이'라며 비웃던 아이들의 모습이 떠올랐어요. 순간 오기가 생겼어요. 알리는 크게 숨을 들이마시고 잠수하는 흉내를 냈어요. 그리고 살며시 눈을 뜨자 물속 풍경이 펼쳐졌어요. 알리 옆에는 선수들이 잠수한 채로 멋지게 수영을 하고 있었어요.

'우아, 진짜 물속에 있는 것 같아.'

그런데 전혀 숨이 막히지 않았어요. 안전하다는 생각이 들자 어쩐지 수영도 할 수 있을 것만 같았어요. 알리는 선수들을 따라 팔, 다리를 움직이며 수영하는 시늉을 했어요. 그러자 진짜로 물을 가르며 몸이 앞으로 쭉쭉 뻗어 나가는 기분이 들었어요. 귓가에서는 첨벙첨벙하는 소리가 울리고, 눈앞으로 물방울이 마구 튀었어요. 진짜 수영하는 기분이었지요.

그때 수영 선수들이 알리를 향해 엄지손가락을 치켜세웠어요. 칭찬을 받자 자신감이 더욱 샘솟았어요.

알리는 잠수하던 몸을 벌떡 일으켰어요. 그리고 HMD를 벗으며 선생님께 외쳤어요.

"선생님, 제가 수영을 했어요. 그런데 물이 하나도 안 무서웠어요."

그날 후로 알리는 시간이 될 때마다 가상현실 체험을 통해 수영을 배웠어요.

몇 주 후, 수영 시간이 다시 찾아왔어요. 알리는 자신감 넘치는 표정으로 성큼성큼 물 앞으로 다가갔어요. 발끝에서 시퍼런 물이 일렁였어요. 팔에 소름이 돋았지만 예전처럼 무섭지 않았어요. 알리는 자신 있게 물속으로 뛰어들었어

요. 그리고 멋지게 수영을 해 냈어요. 그 모습을 본 올리버와 아이들의 눈이 휘둥그레졌어요.

"알리, 수영을 잘하게 도와주는 마법 약이라도 먹은 거야? 돌고래처럼 완전 멋졌어."

아이들이 수영을 마치고 나온 알리에게 모여들어 칭찬해 주었어요. 알리는 씩 웃으며 어깨를 으쓱했어요. 가상현실로 수영을 배웠다는 사실은 혼자만의 비밀로 간직했지요.

이제 수영 시간은 알리가 가장 좋아하는 수업이 됐어요. 물론 '겁쟁이'라는 놀림도 사라졌지요. 알리는 요즘 '돌고래 알리'라고 불려요.

참, 새로운 꿈도 생겼대요. 바로 국가대표 수영선수라네요. 그 꿈을 위해 알리는 멋지게 물살을 가르며 훈련을 하고 있답니다.

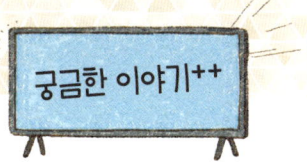

가상현실을 보여 주는 특별한 장치

가상현실을 체험하려면 머리에 쓰는 장치가 필요해. 이를 '헤드 마운트 디스플레이(Head Mounted Display)'라고 해. 줄여서 'HMD' 또는 '헤드셋'이라고 부르지.

이 장치를 처음 만든 사람은 미국의 컴퓨터 과학자 '이반 서덜랜드'야. 1968년에 처음 발명된 HMD는 가상현실 세계를 눈앞에서 직접 보여 준다는 점에서 획기적인 장치였어. 그런데 천장에 매달아 사용해야 할 정도로 아주 무거웠어. 보이는 화면도 몇 개의 선으로 이루어진 입체 도형이 전부였지. 그러다 보니 널리 사용될 수 없었어.

가상현실이 본격적으로 활용된 시기는 1985년부터야. 미 항공우주국 나사가 우주비행사 교육에 HMD를 도입해 가상 비행 훈련을 시작했지. 덕분에 우주비행사를 양성하는 데 드는 비용과 시간을 크게 절약할 수 있었어.

그 뒤로 HMD기술은 꾸준히 발전했어. 요즘은 특수 장갑, 특수 신발까지 개발돼 사물을 직접 만져 보는 체험도 가능해졌어. 또, 360도 카메라나 드론을 이용해 가상현실 영상을 만들기도 해. 덕분에 과거에는 상상도 할 수 없었던 가상현실을 온몸으로 생생하게 즐길 수 있단다.

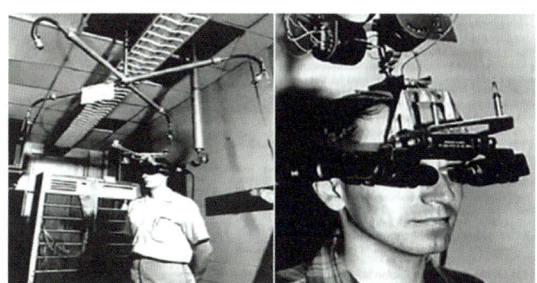 

이반 서덜랜드가 개발한 초기 HMD 장치와 오늘날의 HMD(오른쪽)야. 어린아이도 거뜬히 착용할 만큼 많이 가벼워졌지?

가상현실은 어떻게 진짜처럼 느껴질까?

가상현실의 핵심은 실제로 존재하지 않는 경험을 얼마나 생생하게 느끼게 만드느냐 하는 거야. 이를 위해서는 사람의 두 눈을 잘 속여야 하지. 인간의 감각 기관 가운데 가장 많은 정보를 받아들이는 기관은 눈이거든. 눈이 완벽하게 착각하도록 도와주는 핵심 장치가 바로 HMD야.

HMD는 대부분 앞이 툭 튀어나온 커다란 고글처럼 생겼어. TV를 보다가 눈을 옆으로 살짝 돌려 봐. 다른 세상이 보이면서 몰입감이 확 떨어지잖아. 이를 방지하기 위해 커다란 고글을 눈 주변에 꼭 맞춰 쓰도록 만드는 거야. 그래야 눈이 외부의 빛이나 풍경을 못 보고, 화면에만 집중할 수 있으니까.

눈속임을 위한 장치는 또 있어. 바로 머리 각도를 감지하는 센서야. 이를 '머리 추적(헤드 트래킹, Head Tracking)'이라고 불러. 머리를 들거나 고개를 돌리면 그 방향으로 화면이 따라 움직이게 만드는 기술이야. 그래서 우리는 화면 속 세상을 진짜라고 착각하면서 가상 세계에 푹 빠져드는 거지.

가상현실, 어디에 쓰일까?

집에서 아름다운 풍경 감상을

설악산, 지리산 등 국내 관광명소들도 360도 가상현실 영상으로 제작되었어. 설악산 탐방 안내소와 지리산 생태과학관에 HMD를 마련하고 숲 풍경을 누구나 볼 수 있게 했지. 특히 설악산 가상현실에는 주요 경관에 음성 설명도 덧붙여 두었대. 덕분에 거동이 불편한 사람들도 편하게 아름다운 산을 감상할 수 있게 된 거야.

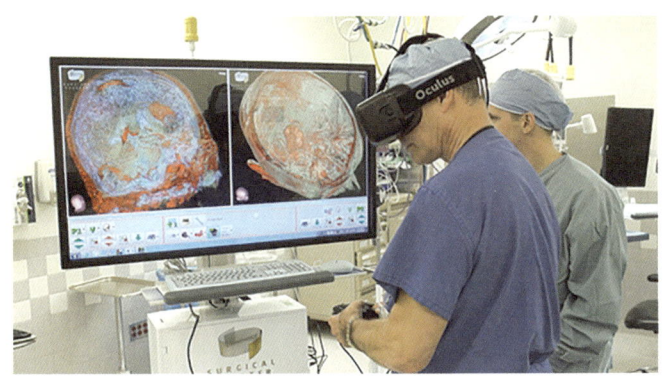

영국 런던의 한 병원에서 종양 제거 수술을 가상현실로 중계했어. 의료 연구자들에게 귀중한 자료가 되었을 거야.

수술 방법을 배워요

가상현실은 의사들의 수술 훈련용으로 사용되기도 해. 인체 기관을 컴퓨터 그래픽으로 만들고 숙련되지 않은 의사들이 가상으로 수술해 보는 거지.

영국의 한 병원에서는 가상현실로 수술 과정을 실시간으로 중계했어. 의대생들은 수술을 실제로 지켜보며 의료 지식을 쌓을 수 있었지.

재난 예방 교육도 문제없어

재난 안전 훈련에 가상현실을 활용하는 것도 큰 도움이 될 거야. 땅이 흔들리는 지

우리나라에서는 소방관들이 가상현실로 화재 현장 대처법을 훈련하는 시뮬레이터도 개발되었어. 실제 상황에서 더 침착하게 대응하도록 말이야.

진을 겪고, 코가 매캐해지는 화재 현장을 진짜처럼 체험하면서 대처법을 배운다면 오랫동안 기억할 수 있을 테니까.

교실에서 만난 우주여행

앞으로는 학교 수업에서도 가상현실을 이용하게 될 거야. 과학 시간에는 가상의 우주여행을 떠나 행성 공부를 할 수도 있지. 어쩌면 멸종된 공룡이 눈앞에서 살아 움직이는 모습도 생생하게 관찰할 수 있을 거야. 그럼 공부에 대한 흥미도 샘솟겠지?

사이버 멀미를 조심해

가상현실만 있으면 우주여행도 떠나고, 공룡도 만날 수 있다니 정말 짜릿하지? 그렇지만 가상현실에 너무 깊게 빠지는 것은 조심해야 돼. 가상현실 기기를 오래 착용할 경우 멀미와 비슷한 증상이 나타날 수 있거든. 얼굴이 창백해지고 어지러움을 느끼고, 심하면 구토를 하는 경우도 있어. 이를 '사이버 멀미'라고 불러.

이런 증상은 3D 영화나 3D 티브이를 볼 때 나타나기도 해. 가상 세계에서 느끼는 경험을 뇌가 받아들이지 못해서 이런 증상이 생긴대. 눈으로 본 정보와 감각 기관이 실제로 느끼는 정보가 다르기 때문에 뇌가 혼란을 느끼며 불쾌감을 일으킨다는 거야. 사이버 멀미가 나타나면 바로 HMD를 벗고 휴식하는 것이 좋아.

가상현실은 진짜 같은 현실감 때문에 중독성이 높다고 해. 가상현실에 몰입하다 보면 일상생활에서도 가상인지 현실인지 혼란을 겪을 수 있지. 자칫 또래 친구들과 함께 어울리는 일도 어려워하며 외톨이가 될 가능성도 높아. 게임 폐인이나 인터넷 폐인이라는 말처럼 가상현실 폐인이 될 수도 있는 거야. 그러니 아무리 성능이 좋은 가상현실 기기가 있어도 하루에 여섯 시간 이상 사용하는 것은 피하도록 해.

화성 여행을 다녀왔어

안녕, 난 무척 흥분한 상태야. 신나는 모험을 다녀왔거든.

원래 오늘은 부모님과 화성 탐사를 떠나는 날이었어. 선생님이 방학숙제로 내 준 체험학습을 하기 위해서였지. 그런데 일주일 전에 축구를 하다 발목을 삐었어. 병원에 갔더니 한 달이나 깁스를 하라는 거야. 엄마는 움직이면 덧난다며 곧바로 화성 탐사를 취소시켰어. 난 괜찮다고 우겼지만 소용없었지.

이런 내가 불쌍했는지 엄마가 선물을 주었어. 신나서 포장지를 뜯다가 멈칫했어. 선물이 '화성 체험 가상현실 키트'였거든. 진짜 여행 대신 가짜 체험이라니, 잔뜩 실망했지. 그래도 방학 숙제를 해야 하니까, 일단 해 보기로 했어.

우선, 가상현실 안경과 센서 장갑을 착용했어. 그리고 체험 키트를 실행시켰지.

순식간에 내 방 안이 드넓은 화성으로 변했어. 화성 탐사 로봇이 전송한 데이터로 만든 가상 영상이었지. 누군가 '화성에 오신 것을 환영합니다'라며 말을 걸어 왔어. 탐사를 안내해 줄 과학자였지.

나는 과학자의 안내를 받으며 화성 기지를 견학하고, 풀 한 포기 나지 않은 황량한 화성의 사막을 걸어 다녔어. 센서 장갑을 낀 손으로 화성의 돌을 만져 보기도 했지. 진짜 화성에 와 있는 것마냥 실감났어. 화성의 매력에 푹 빠져 버렸지.

사실 난 여행을 가면 딴짓을 하느라 제대로 못 보고 설명도 안 들어. 깁스한 다리로 화성탐사를 떠났다면 한 시간 만에 힘들다고 주저앉았을 거야. 그런데 가상현실 체험으로 화성탐사를 떠나니, 제대로 공부하고 체험할 수 있었어.

남은 방학 동안 다양한 가상현실 체험을 해야겠어. 얼마나 재밌는 모험이 기다리고 있을까. 벌써 가슴이 두근두근 뛰어.

가상현실 체험에 푹 빠진 미래사회의 친구가

생명을 살리는
똑똑한 비행

드론

조종사가 타지 않고 혼자 비행하는 '무인 항공기'예요. 무선으로 원격 조종되거나 입력된 프로그램에 따라 스스로 주위 환경을 판단하며 '자율 비행'을 하기도 해요. 군사용으로 개발됐지만 지금은 농업, 방송, 재난 구조 등 갈수록 다양한 분야에서 활용되고 있어요.

"엄마와 동생을 구한 작은 날갯짓"

2016년, 르완다 정부는 우기 때마다 발생하는 혈액 배송 문제를 해결하기 위해 미국의 로봇 회사 '지프라인(Zipline)'과 함께 드론 혈액 배송을 시작했어요. 이 드론은 한 번에 1.5킬로그램을 싣고, 왕복 150킬로미터를 비행할 수 있어요. 차로 네 시간이 걸리는 거리도 30분 안에 도착하지요. 지금은 혈액 외에도 말라리아 치료제, 백신 같은 의약품도 함께 배송하며 많은 생명을 살리고 있어요.

사람들이 발사대에 드론(왼쪽)을 설치하고 있어요. 이 드론은 높고 가파른 산악 지대에도 안전하게 혈액을 배송해 주지요.

폭우로 막힌 길

1교시는 과학 수업. 이노센트가 가장 좋아하는 시간이지요. 그런데 오늘따라 수업은 뒷전이고 싱글벙글, 시계만 흘깃거려요.

"이노센트, 무슨 좋은 일 있어?"

짝꿍 자말이 쉬는 시간에 기다렸다는 듯 물어요. 하지만 이노센트는 대답 대신 싱긋 미소만 지었어요. 그리고 속으로 중얼거렸어요.

'좋은 일? 당연히 있지. 오늘 드디어 나한테 동생이 생기거든.'

오늘 새벽, 엄마가 아기가 나올 것 같다며 자고 있던 아빠를 깨웠어요. 출산 예정일은 아직 한 달이나 남아 있었어요. 그런데 갑자기 산통이 시작된 거예요. 깜짝 놀란 엄마와 아빠는 서둘러 병원으로 향했어요. 학교만 아니면 이노센트도 따라갔을 거예요.

2교시가 막 시작될 무렵이었어요.

와르르릉, 쾅!

갑자기 하늘에서 천둥 번개가 쳤어요. 또 비가 올 모양이에요. 일주일 전

부터 우기가 시작됐거든요. 우기는 일 년 중 르완다에서 비가 가장 많이 오는 시기에요. 아니나 다를까 하늘에서 폭우가 쏟아지기 시작했어요.

"이노센트, 이노센트!"

담임 선생님이 이노센트를 부르며 교실로 뛰어왔어요.

"아버지가 전화하셨어. 빨리 가방 챙겨서 카브카이 병원으로 가 봐라."

이노센트는 정신없이 병원으로 달려갔어요. 온몸이 땀과 비로 흠뻑 젖은 채, 병원에 도착해 보니 마침 아빠는 의사 선생님과 대화 중이었어요. 그런데 분위기가 심상치 않았어요.

"아빠, 엄마한테 무슨 일이 생긴 거예요?"

이노센트는 아빠 곁으로 다가가 물었어요.

"엄마가 아기를 낳다가 피를 많이 흘렸단다. 빨리 수혈해야 하는데 병원에 혈액이 모자란대."

"그럼 엄마는 어떡해요?"

이노센트가 떨리는 목소리로 되물었어요.

"의사 선생님이 혈액을 빨리 보내 달라고 가까운 의료센터에 응급 요청을 했다고 하셨어. 그러니 일단 기다려 보자."

"하지만 비가 너무 많이 왔어요. 이미 마을로 들어오는 길도 물에 잠겼을걸요. 혈액이 있어도 병원까지 올 수 없을지도 몰라요."

이노센트는 울먹이며 더 이상 말을 잇지 못했어요.

르완다는 '천 개의 언덕'이라는 별명이 있을 정도로 산과 작은 언덕이 많아요. 하지만 도로 대부분이 포장이 안 된 흙길이에요. 폭우가 내리는 우기만 되면 산사태로 도로 곳곳이 끊기거나 물에 잠겼지요. 그때마다 오토바이나 트럭도 꼼짝 못 했어요. 도로가 복구되려면 며칠에서 몇 달씩 걸리는 바람에 의료품 배송도 제때 이뤄지지 않았지요. 그 바람에 수많은 환자들이 치료도 제대로 받지 못한 채 숨지곤 했어요.

이노센트는 엄마가 그들처럼 떠나 버릴까 봐 두려웠어요.

하늘을 나는 퀵서비스

카브카이 병원에서 2킬로미터 떨어진 르완다 무항가 지역에 얼마 전 못 보던 창고가 새로 들어섰어요. 창고 안에는 헬리콥터 모양의 비행체 열다섯 대가 나란히 줄지어 놓여 있었어요. 바로 '드론'이었지요.

드론은 사람이 타지 않고 무선 전파로 조종할 수 있는 '무인 비행 장치'예요. 그 창고는 르완다 정부와 미

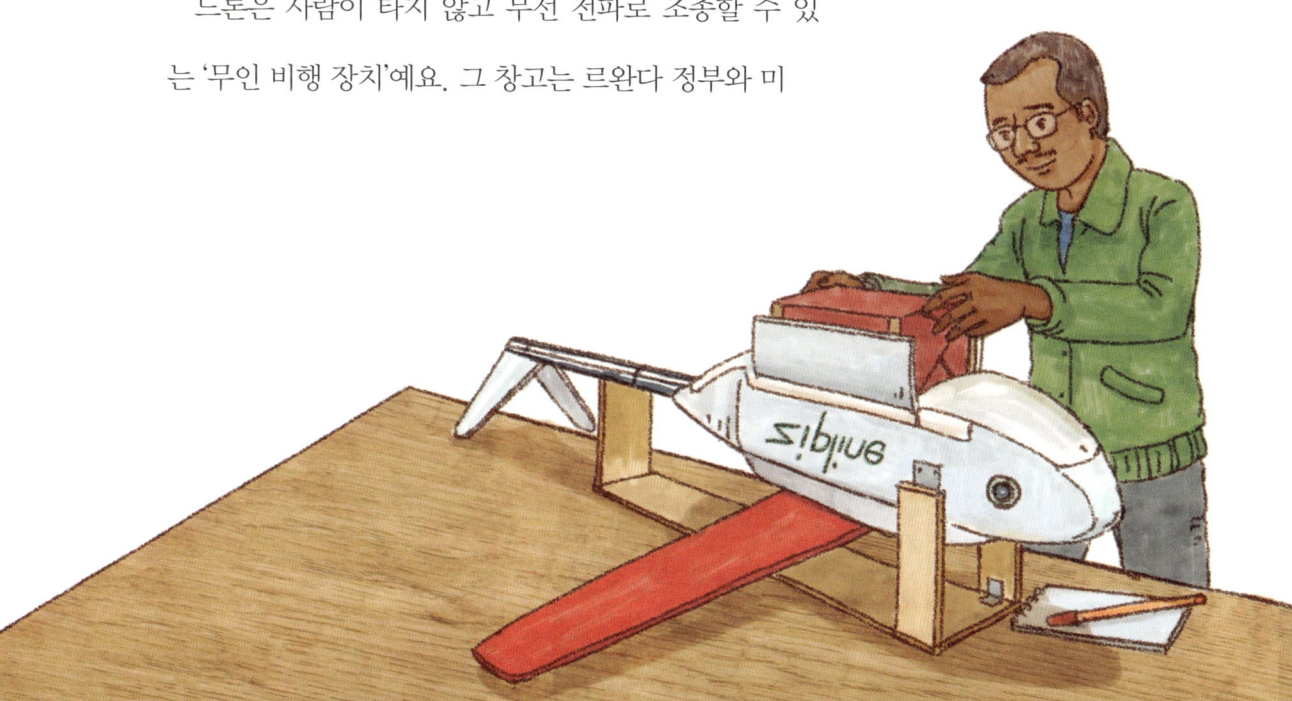

국의 로봇 회사가 손을 잡고 세운 드론 기지였어요. 우기에도 물에 잠기거나 끊길 걱정이 없는 하늘길로 의약품을 배송하기 위해서였지요.

"카브카이 병원에서 혈액 요청 문자가 왔어요. 출혈 환자가 생겼나 봐요."

혈액 담당자가 드론 조종사에게 메시지를 보여 주었어요. 두 사람은 수혈 될 혈액을 서둘러 튼튼한 상자에 담아 드론에 실었어요. 그리고 발사대에 드론을 설치했지요.

"셋, 둘, 하나, 발사!"

드론이 로켓처럼 하늘로 발사됐어요. 두 사람은 드론이 안전하게 비행하는지 모니터로 지켜봤어요.

"윙~윙~."

드론은 잘 포장된 혈액 상자를 싣고 벌처럼 빠르게 날아올랐어요.

그 시각, 카브카이 병원에서는 이노센트가 밖으로 나와 하늘을 바라보고 있었어요. 이노센트 옆에는 아빠와 간호사가 초조한 표정으로 서성였어요. 다행히 비는 잦아들고 있었어요.

윙윙~

잠시 후, 먹구름 사이로 작은 비행 물체가 나타났어요.

"아빠, 저게 의사 선생님이 말씀하신 드론이에요? 진짜 신기해요."

"그런가 보다. 아빠도 말로만 들었지 직접 보는 건 처음이구나."

아빠와 이노센트는 혼자 비행하는 드론을 신기하게 바라보았어요. 드론은 병원 앞까지 순식간에 날아왔어요. 그리고 상공 20미터 지점에 멈추더니 갑자기 아랫배를 탁 열었어요. 그러자 낙하산이 달린 빨간색 상자가 포물선을 그리며 천천히 떨어졌어요. 바로 혈액이 담겨 있는 상자였지요.

상자가 바닥에 떨어지자마자 간호사가 재빨리 낚아채 수술실로 달려갔어요. 그사이 임무를 마친 드론은 왔던 방향으로 다시 날아갔어요.

"드론. 고마워!"

이노센트는 제자리에 서서, 드론을 향해 힘껏 손을 흔들어 주었어요.

몇 시간 후, 이노센트는 그토록 기다리던 엄마와 동생을 만났어요. 귀여운 여동생이었지요. 드론이 없었다면 어떻게 되었을까요? 상상만 해도 아찔했어요.

이노센트는 꼬물거리는 동생의 손을 꼭 잡으며 다짐했어요. 하늘을 나는 드론을 볼 때마다 손을 흔들며 응원하기로요. 분명, 윙윙 소리를 내며 누군가의 생명을 구하러 가는 길일 테니까요.

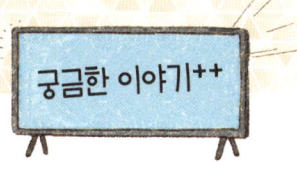

벌처럼 높게, 빠르게, 드론이 뭐야?

드론은 사람이 탑승하지 않고 혼자 비행하는 항공기를 말해. 그래서 공식 명칭은 '원격 조종 무인 비행체'야. 외우기 어렵다고? 그래서인지 사람들은 대신 드론이라고 불러. 영어로 수벌을 뜻하는데 드론이 하늘을 날 때 내는 소리가 벌이 윙윙거리는 소리와 비슷해서 붙여진 이름이래.

이름에 얽힌 또 다른 이야기도 있어. 드론이 처음 등장한 것은 1918년이야. 열기구에 폭탄을 싣고 적지에 떨어트리는 일회용 무인 폭격기였지. 요즘같이 목적지로 갔다가 되돌아오는 드론은 1930년대 영국에서 처음 개발되었어. 사격 연습용으로 사용했는데, '여왕벌(Queen Bee)'이라고 불렸지. 영국은 여왕의 나라니까, 여왕에 대한 경의의 표시로, 후에 '수벌' 즉 '드론'으로 부르게 되었다고 해.

드론이 첨단 무기로 발돋움한 시기는 1980년대부터야. 카메라를 달아 수십 킬로미터 상공에서 물체를 구분하는 정찰용으로 사용되거나, 소형 미사일을 달아 적을 공격하는 무기로도 사용되었지. 드론을 다루는 군인들은 수십, 수백 킬로미터 떨어

1930년대 초 영국에서 개발한 포격 연습용 비행체 '여왕벌'이야.

진 곳에서 조종하기 때문에 다칠 위험이 없었어. 지금도 드론의 90퍼센트 정도가 군사용으로 사용되고 있어. 엄청나게 빠른 속도로 날아가는 드론도 있고, 인공지능이 달려 있어서 스스로 작전을 수행하는 드론도 나왔지.

최근에는 다양한 분야에서 드론을 활용 중이야. 취미로 드론을 날리는 사람도 많아졌지. 드론 크기도 25그램의 초소형부터 1만 2천 킬로그램에 달하는 초대형까지 아주 다양해졌어. 모양도 비행기, 헬리콥터, 여러 개의 날개를 가진 멀티콥터까지 제각각이지.

드론이 쓰이는 곳이 많아지면서 '드론 조종사'라는 새로운 직업도 생겼어. 드론으로 경주를 벌이는 드론 레이싱 대회도 열린단다.

드론은 어떻게 혼자 날까?

드론의 몸은 여러 개의 프로펠러와 모터, 센서로 이루어져 있어. 모터는 프로펠러마다 연결되어 드론을 자유자재로 움직이게 하는 동력을 전달한단다. 또 드론은 센서의 도움으로 방향과 속도도 조절할 수 있지.

드론을 사람이 직접 조종하려면 무선 인터넷 와이파이(wifi)로 드론과 연결되는 조종기가 필요해.

물론 드론 혼자서도 비행할 수 있어. 드론에게는 특별한 눈, 지피에스(GPS) 장치가 달려 있기 때문이야. 지피에스는 인공위성으로 위치를 파악하는 기술이지. 드론은 여러 개의 위성 신호를 동시에 분석해서 자신과 주변 사물들 위치를 센티미터 단위까지 정확하게 알아낼 수 있다고 해.

드론, 어디어디에 쓰일까?

30분 만에 배달 완료!

드론은 우편과 택배는 물론 음식도 빠르게 배송할 수 있어. 세계 최대 온라인 쇼핑몰 아마존은 드론을 활용해 상품을 30분 안에 배송하는 서비스를 준비하고 있어. 교통 체증에 영향을 받지 않고 하늘을 나니 목적지까지 빠르게 갈 수 있지. 현재 월마트, 도미노피자 같은 세계적인 기업도 앞다퉈 드론 배송 서비스를 개발하는 중이야.

우리나라에서도 드론이 득량도까지 바닷길을 날아 우편물을 배달하는 데 성공했어. 앞으로 드론 배송이 활성화되면 섬마을이나 오지 배송도 문제없을 거야.

하늘을 나는 농사꾼!

드론은 농업 분야에서 큰 인기를 끌고 있어. 사람과 농기계를 대신해 농사일을 돕

병해충을 방지하기 위해 농약을 뿌리는 드론이야. 10분 동안 약 6,924제곱미터의 넓은 면적에 농약을 살포할 수 있어.

고 있거든. 농약이나 비료를 하늘에서 골고루 뿌려 병충해를 막기도 하고, 목장을 날아다니며 양떼들의 건강 상태를 관찰하기도 해. 드론 덕분에 농부들은 일하는 시간과 노력을 크게 줄일 수 있게 됐어.

하늘의 카메라맨

드론에 카메라를 달아 띄우면 그동안 보지 못했던 영상을 다양한 각도로 볼 수 있어. 특히 스키, 스키점프 같은 스포츠 중계에 많이 쓰여. 2018년 평창 동계올림픽에서 화제가 된 이벤트도 드론 퍼포먼스였어. 개회식과 폐회식에서 세계 이목을 집중시켰지. 드론 1,218대가 빛을 내뿜으며 밤하늘에 오륜기를 수놓았고 평창 올림픽의 마스코트 등 다양한 상징을 표현해 세계인들의 감탄을 자아냈어.

평창올림픽 폐회식에서 드론으로 밤하늘에 만든 마스코트 수호랑이야.

생명을 구하는 재난구조사

드론은 재난, 재해 현장에 신속하게 투입되고 있어. 우리나라 여러 해수욕장에서 '드론 해상 구조대'가 운영된 적이 있지. 드론은 바다를 감시하고, 피서객이 바다에

2015년에 부산 해운대 해수욕장에서 활약한 드론 구조대야. 항공 순찰을 하며 피서객의 안전을 확인했어.

빠지면 구조용 튜브를 던져 주는 역할을 했어. 산불 현장에서도 드론의 역할이 커. 수락산에 불이 났을 때에도 드론에 장착한 열화상 카메라로 화재 지점을 정확하게 찾아냈지. 덕분에 화재를 빨리 진화할 수 있었어. 이처럼 드론은 사람이 접근하기 어려운 재난, 재해 지역에서 더 크게 활약할 것으로 기대되고 있단다.

드론 조종은 이렇게!

다양한 분야에서 착한 활동을 펼치고 있는 만능재주꾼 드론. 좋은 일에 더 잘 쓰일 수 있도록 우리나라에서는 몇 가지 규칙을 만들었어.

드론의 무게가 12킬로그램 이상인 경우에는 무인 비행기 비행자격증이 있어야 조종할 수 있어. 해가 진 저녁부터 해가 뜰 때까지는 드론을 날릴 수 없지. 사람이 많이 모여 사는 곳과 비행장 근처, 휴전선 인근에서도 비행 금지야.

만약 이런 곳에서 드론을 날리고 싶다면 지방항공청이나 국방부에 미리 허락을 받아야 해. 땅에서 150미터 이상으로 높게 띄워서도 안 돼. 비행기가 다니는 높이여서 충돌할 수 있거든. 허가받지 않은 곳에서 드론으로 무언가를 떨어트려서도 안 돼. 길을 지나다니는 사람이 다칠 수도 있으니까.

자동차를 운전할 때처럼 드론을 조종할 때도 안전이 가장 중요하다는 사실, 잊지 말자고!

네팔 지진에서 사람을 구했어

안녕, 난 열한 살의 드론 레이서야. 얼마 뒤 서울에서 열리는 전국 드론 경주 대회에 나가기 위해서 열심히 드론 조종을 연습하고 있지. 세계적인 드론 레이서가 되면 인기를 한 몸에 받고, 돈도 많이 벌 수 있대. 그렇지만 내 꿈은 따로 있어. 바로 세계 최고의 드론 재난 구조사가 되는 일이지.

2015년 4월이었어. 그때 난 무지 어렸지만 네팔에서 참혹한 재해가 일어났던 일이 기억나. 대규모 지진이 일어나 수천 명이 다치고 목숨을 잃어버린 안타까운 일이었잖아. 카트만두 시내 곳곳에 목재와 돌멩이 같은 건물 잔해가 널려 있었어. 처참한 지진 피해 현장은 영상 드론을 통해 전 세계에 알려졌고 세계 여러 나라에서 도움의 손길을 보냈다고 들은 거 같아.

지진 피해 지역은 고산 지대라 사람을 구하기가 쉽지 않대. 도로가 심하게 갈라져서 차도 오갈 수 없어. 여진도 계속돼 구조대원의 안전도 보장할 수 없고. 누구도 피해 현장에 섣불리 다가가지 못할 거야.

네팔 지진 현장 중계를 보며 기억에 남은 장면은 우리나라 드론의 활약이야. 드론을 띄워 지진 현장 상황과 피해 복구에 필요한 지도를 제작했어. 또 사람이 죽어가는 고산 지대 마을에 진통제와 주사기, 백신 등이 담긴 의료품을 드론으로 실어 날랐고. 무너진 건물 사이를 날아다니며 생존자를 찾아다니던 드론도 기억나.

난 그 모습을 보고 결심했어. 드론으로 생명을 구하는 재난 구조 전문가가 되기로. 요즘에는 매일 드론 조종을 연습하고 있어. 드론 경주 대회에 참가하는 것도 실력을 쌓기 위해서야. 너희도 꿈을 위해 노력하고 있겠지? 우리 열심히 실력을 쌓아서 꼭 바라는 꿈을 이루자. 모두 화이팅!

드론 재난 구조 전문가를 꿈꾸는 친구가

세상에서
가장 따뜻한 손

3D 프린터

3D는 3차원이라는 뜻으로 입체적인 무언가를 뜻해요. 프린터는 종이 위에 잉크로 글자나 이미지를 인쇄하는 기계고요. 그러니까 3D프린터는 물건을 입체적으로 인쇄하는 기계예요. 한마디로 '실물 복제기'라고 할 수 있지요. 3D프린터만 있으면 원하는 물건이나 디자인을 똑같이 만들 수 있대요. 3D프린터가 어떻게 재주를 부리는지, 같이 알아볼까요?

"다니엘에게 찾아온 놀라운 선물"

아프리카 남수단에 사는 열여섯 살 소년 다니엘 오마르는 전쟁으로 양팔을 잃었어요. 이런 사연은 미국 잡지 『타임』에 실렸고, 의료용 보조 기구를 연구하는 믹 에블링이 읽게 됐어요. 믹은 전문가들과 함께 '다니엘 프로젝트(Daniel Project)'를 시작했어요. 3D프린터로 의수를 만들어 준 것이지요. 믹은 더 많은 사람에게 의수를 만들어 주려고 난민캠프에 연구실을 만들었어요. 다니엘도 교육생으로 참가하며 프로젝트를 열심히 지원했답니다.

 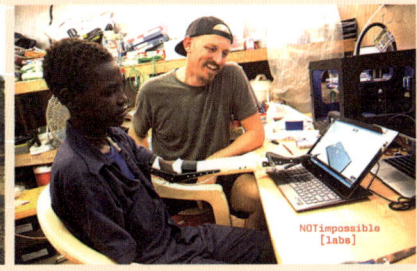

다니엘에게 의수는 아주아주 반가운 선물이에요. 믹에게 3D프린터 기술을 배우며 의수 만드는 일에 힘을 보탤 수도 있게 되었답니다.

양팔 없는 소년

"형! 다니엘 형, 밥 먹게 빨리 와."

다니엘은 샤키가 부르는 소리에 발걸음을 식당으로 옮겼어요. 다니엘과 샤키는 남수단의 난민캠프에서 만났어요. 샤키는 열여섯 살인 다니엘보다 일곱 살이 어렸어요. 그런데도 다니엘을 동생처럼 챙겼어요.

"오늘 저녁은 형이 좋아하는 감자 스프가 나왔네. 먹어 봐, 아~."

샤키가 스프를 떠서 다니엘에게 먹여 주었어요. 다니엘은 손이 없거든요. 더 자세히 말하자면, 오른쪽 팔은 아예 없고, 왼쪽 팔은 어깨 아래로 3분의 1만 남아 있어요. 움직일 수 있는 손이 없다 보니 혼자서는 아무것도 할 수 없었지요. 밥을 먹고, 옷을 입고, 씻는 일 모두 샤키의 도움을 받아야 했어요.

'이게 다 그날의 악몽 때문이야.'

다니엘네 가족은 남수단과 수단의 국경 지대에서 살았어요. 남수단은 수단에서 독립한 이후 끊이지 않는 분쟁으로 혼란스러운 상황이었어요. 매일같이 마을에 폭탄이 떨어져 많은 사람들이 숨지고 다쳤지요. 다니엘도 2년 전, 폭탄에 맞았어요. 다니엘이 다시 깨어났을 때에는 이미 병원이었어요. 기절한 사이에 응급 수술은 끝나 있었고, 양팔에는 붕대가 칭칭 감겨 있었지요. 상처가 아물기까지 고통은 몇 달이나 계속됐어요.

이제 상처는 아물었지만 다니엘은 매일 밤 울었어요.

"열여섯 살이나 됐는데 혼자서는 아무것도 못 하다니, 너무 한심하다. 평생 다른 사람들의 도움을 받으며 살아야 하는 걸까."

다니엘은 점점 삶의 희망을 잃어 가고 있었어요.

남수단에 온 산타클로스

그러던 어느 날이었어요. 다니엘이 머물고 있는 난민캠프에 낯선 손님들이 찾아왔어요.

"네가 다니엘이구나. 사진보다 훨씬 잘생겼네. 나는 미국에서 온 믹 에블링이라고 해. 우연히 너의 이야기를 읽고, 의수를 만들어 주고 싶다는 생각을 했단다. 그래서 수천 킬로미터를 날아왔지. 우리의 선물을 받아 주겠니?"

믹은 자신의 제안을 받아 달라는 의미로 악수를 청했어요. 갑작스러운 제안에 다니엘은 잠시 어리둥절했어요.

하지만 곧 중요한 사실을 깨달았어요. 낯선 손님들이 그토록 바라던 소원을 들어줄 산타클로스라는 것을요. 다니엘은 고맙다는 뜻으로 뭉툭한 팔 끝으로 믹의 손을 맞잡고 크게 흔들었어요.

믹과 동료들은 가져온 장비들을 쭉 늘어놨어요. 난생처음 보는 장비들을 보자 다니엘은 호기심이 생겼어요. 이리저리 살펴보던 다니엘이 상자 하나를 가리키며 물었어요.

"유리창이 달려 있는 이 상자는 뭐예요?"

"아, 이건 3D프린터야. 3D가 3차원이라는 뜻이잖니? 그러니까 3차원의 입체적인 물건을 인쇄하는 기계라고 보면 돼. 바로 이 프린터로 너에게 필요한 의수를 만들 거란다. 어떻게 만들어질지 궁금하지 않니?"

믹은 다니엘의 팔 길이와 둘레를 쟀어요. 그리고 함께 온 리처드에게 수치를 알려 주었어요. 리처드는 '3D 의수 설계도'를 만든 발명가였어요. 다니엘의 팔에 맞게 3D프린터 프로그램에 필요한 데이터를 입력하며 설계도를 그려 나갔지요.

"집을 짓기 전에 설계도를 먼저 만들지? 그래야 시행착오를 겪지 않고 시간과 비용을 줄이면서 원하는 형태로 지을 수 있으니까. 마찬가지로 물건을 인쇄하려면 입체적인 설계도가 필요해. 완성된 3D 설계 도면만 있으면 전문가가 아닌 사람들도 의수를 따라 만들 수 있어."

리처드는 다니엘에게 하나씩 설명하면서 작업을 이어 갔어요. 곧 3D 설계

도면이 완성됐어요.

다음은 3D프린터 회사를 경영하는 브룩이 나설 차례였어요. 브룩은 3D프린터의 재료를 넣는 부분에 실처럼 생긴 플라스틱을 넣었어요. 플라스틱은 가격도 싸고 다루기도 편해서 3D프린터에 많이 쓰이는 재료였지요.

재료 준비를 마친 브룩은 컴퓨터 앞으로 돌아와 '인쇄' 버튼을 눌렀어요. 그러자 설계도의 정보가 전송되면서 출력 장치에 달린 노즐이 쓱쓱 움직였어요. 노즐은 왼쪽에서 오른쪽, 위에서 아래로 빠르게 움직이며 플라스틱 재료를 내

뿜었어요. 바닥에 뿌려진 플라스틱은 식으면서 금방 딱딱해졌어요. 얇게 한 층이 인쇄되자 노즐은 처음 위치로 돌아가 다시 층을 쌓기 시작했어요.

"우아, 물감을 짜고, 그 위에 또 짜서 덧입히는 것 같아요."

신기한 광경에 다니엘의 커다란 눈이 더욱 커졌어요.

잠시 후, 손가락 관절 하나가 완성됐어요. 다른 부위들도 연이어 인쇄했어요. 그리고 완성된 부위들을 서로 연결해 손 모양을 만들어 나갔지요.

그로부터 여섯 시간 후, 사람의 손과 팔을 그대로 닮은 의수가 탄생했어요. 마지막으로 신경과학자인 데이비드가 다니엘의 뭉뚝한 왼쪽 팔 끝에 의수를 연결해 주었어요.

"아저씨, 이게 진짜 내 팔이에요?"

"의수에 전기 장치를 달아서 팔 근육과 연결했어. 네가 팔 끝에 힘을 주면 손가락을 움직일 수 있을 거야. 한번 해 보렴."

다니엘은 조심스럽게 팔 끝에 힘을 주어 의수를 움직였어요. 그러자 손가락이 따라서 구부러졌다가 부채처럼 활짝 펴졌어요.

"로봇 팔이 움직이는 것 같아요. 너무 신기해요."

다니엘이 기쁨의 탄성을 질렀어요. 믹과 동료들도 박수를 치며 축하했어요.

그때 뒤에서 조용히 지켜보던 샤키가 나섰어요. 숟가락과 감자 스프를 가져와 다니엘 앞에 내민 거예요.

다니엘은 떨리는 손으로 천천히 스프를 떠먹었어요. 눈에는 감격의 눈물이 그렁그렁 맺혔지요. 드디어 혼자 무언가를 해 낸 거예요.

믹과 동료들이 떠난 뒤에도 다니엘은 열심히 손을 움직이는 연습을 했어요. 연습할수록 움직임은 자연스러워졌어요. 앞으로 더 정교한 의수가 나온다면 친구들과 야구도 할 수 있을 거예요.

요즘 다니엘의 얼굴에서는 웃음이 떠나지 않아요. 3D프린터가 가져다 준 진짜 선물은 의수가 아니라 희망이었어요.

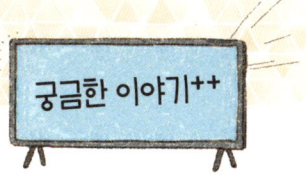

3D프린터로 빠르게, 뚝딱뚝딱!

3D프린터의 역사는 30년 전으로 거슬러 올라가. 1984년 미국 발명가 '찰스 헐'이 처음 만들었지. 원래는 새 제품을 공장에서 대량 생산하기 전에 미리 만들어 보는 용도로 사용됐어. 하지만 3D프린터의 가격이 수억 원에 이를 만큼 비싸서 항공기나 자동차 같은 일부 제조업에서만 쓰였지. 게다가 기술 특허까지 걸려 있어 아무나 사용할 수도 없었어. 그런데 2014년에 특허 사용 기한이 끝나 누구나 사용할 수 있게 되었지.

3D프린터는 21세기 도깨비방망이라고도 불려. 뭐든지 만들 수 있다는 의미야. 3D프린터가 여러 물건을 인쇄할 수 있는 비결은 다양한 재료에 있어. 초반에는 플라스틱 재료가 대부분이었지만 지금은 고무, 금속, 콘크리트, 심지어 초콜릿이나 세포까지 재료로 쓸 수 있지. 그 덕에 3D프린터가 사용되는 범위도 넓어졌어.

머지않아 3D프린터를 집집마다 한 대씩 갖게 될지도 몰라. 그런 세상이 되면 공장에서 대량으로 생산된 물건을 살 필요가 없어질 거야. 세상에 하나밖에 없는 장난감을 직접 만들게 될지도 몰라. 물론 설계도가 있어야 하겠지만 말이야.

미국 국립 발명가 명예의 전당에 전시된 찰스 헐의 흉상과 그가 발명한 3D프린터야. 3D프린터는 두 달 가까이 걸리던 제조 공정을 몇 시간 만에 끝내게 해 준 아주 유용한 발명품으로 꼽히지.

3D프린터는 어떻게 물건을 인쇄할까?

3D프린터로 물건을 인쇄하는 방법은 크게 두 가지야. 하나는 큰 덩어리의 재료를 깎아서 만드는 방식이야. 미술 시간에 만드는 조각품을 생각하면 돼. 또 다른 방식은 재료를 녹여서 한 층 한 층 쌓아 가는 거지.

최근 보급되고 있는 3D프린터 대부분은 두 번째 방식을 써. 깎인 부분을 아깝게 버릴 일이 없고, 복잡한 모양을 만들기도 쉽거든.

필요한 재료를 프린터에 잉크처럼 넣고 작동시키면 재료가 층층이 쌓이고 굳어 입체적인 모양을 만들어. 인쇄가 끝난 물건은 표면을 매끄럽게 다듬고, 스프레이로 색을 칠해 마무리하면 완성! 스스로 공들여 만든 물건이 눈앞에 짠 하고 나타나 있을 거야.

3D프린터, 어디에 쓰일까?

피자, 파스타가 뚝딱!

3D프린터는 필요한 음식 재료만 있으면 요리도 뚝딱 만들어 내. 이를 '3D푸드프린터'라고 불러. 이탈리아의 파스타 회사는 3D푸드프린터로 파스타 면을 개발했어.

2013년에 개발된 우주 항공 3D푸드프린터야.

미국 항공우주국 '나사'에서도 우주인 음식을 만드는 전용 3D푸드프린터를 만들었지. 이제는 먼 우주에서도 초콜릿으로 달콤한 쿠키를 만들어 먹고 밀가루와 토마토 소스, 치즈를 이용해 맛있는 피자도 즐길 수 있을 거야.

베록 코시네비스 박사의 기술을 가상으로 표현한 모습이야. 커다란 3D프린터가 왔다 갔다 하며 집을 짓는 모습, 상상되니?

하루 만에 집이 뚝딱!

3D프린터는 집도 지을 수 있어. 미국 서던캘리포니아 대학교의 베록 코시네비스 교수는 높이 7미터, 너비 15미터에 달하는 거대한 3D프린트를 만들었어. 이 장비를 이용하면 24시간 안에 집을 완성할 수 있지. 몇 달씩 걸리는 기존 건축 방식에 비해 시간과 비용이 크게 절약되는 획기적인 방법이야. 버려진 자재를 재활용할 수도 있고, 친환경 자재를 사용하니까 환경 보호에도 유리해. 2030년이면 전 세계의 집 없는 사람들이 30억 명에 이른다고 하는데, 3D프린터 건축 기술이 널리 보급되면 많은 사람이 집 걱정 없이 안전하게 살 수 있지 않을까?

인공 장기도 뚝딱!

3D프린터를 가장 적극적으로 활용하는 곳은 의료 분야야. 세계 곳곳에서 이 기술

로 인공 치아, 인공 뼈, 인공 관절 같은 인체 보형물을 만들고 있어. 이미 우리나라에서도 2015년에 3D프린터로 인공 골반 뼈를 만들었어. 이 인공 골반 뼈는 희귀한 뼈를 가진 암 환자에게 성공적으로 이식됐지. 최근에는 세포를 재료로 간과 신장, 폐 등을 만드는 연구가 진행되고 있단다.

3D프린터가 범죄에도 이용된다고?

3D프린터가 무엇이든 인쇄할 수 있다고 해서 모든 걸 다 만들어도 되는 건 아니야.

2013년 미국에서 플라스틱 권총을 만들 수 있는 3D프린터용 설계도가 인터넷에 올라와 논란이 됐어. 이 설계도는 무료로 다운받을 수 있었는데 이틀 만에 10만 번이나 다운로드된 거야. 급기야 이 설계도로 총을 직접 만들어 시험 발사를 하는 영상까지 인터넷에 올라왔지. 사람들은 3D프린터로 총기를 만들 수 있다는 사실에 깜짝 놀랐어. 이런 일은 일본에서도 일어났어. 20대 남성이 3D프린터로 플라스틱 권총 다섯 자루를 만드는 동영상을 인터넷에 올린 거야. 결국 그는 경찰에 붙잡혔지. 3D프린터 때문에 형벌을 받은 세계 최초의 범죄자가 되고 만 거야.

우리나라에서는 3D프린터에 실리콘 재료를 넣어 가짜 지문을 인쇄하는 일도 있었어. 그 지문으로 부동산 서류를 조작해 사기를 치려던 일당이 경찰에 붙잡혔지. 어쩌면 나중에는 3D프린터로 얼굴을 복제해 범죄를 저지르는 영화 같은 일이 벌어질지도 몰라.

그래서 전문가들은 3D프린터가 나쁜 목적에 이용되지 않도록 설계도와 제작에 대한 기준을 마련해야 한다고 지적하고 있어.

한 명을 돕는 일은 여럿을 돕는 일!

안녕, 난 믹 에블링이야. 맞아. 다니엘에게 의수를 만들어 주었어.

다니엘과는 종종 화상 통화로 연락하는데 다행히 잘 지내고 있어. 공부도 열심히 하고, 캠프의 스태프들과 의수 만드는 일에 참여하기도 하면서 말이야.

너희들 혹시, 3D프린트 의수를 만드는 비용이 얼마인 줄 아니?

부품 비용은 약 100달러, 한국 돈으로 10만 원 정도야. 수백만 원에서 수천만 원이 드는 보철 의수에 비하면 무척 싼 편이지. 게다가 의수의 부품이 손상되면 3D프린트로 그 부분만 다시 인쇄해 교체하면 돼. 한창 성장하는 어린이들에겐 더욱 유용하지.

그래서 나는 더 많은 친구들을 돕기로 했어. 세계 여러 나라를 돌아다니며 다니엘 같은 처지의 친구들에게 3D프린트 의수를 선물했지. 다들 어찌나 좋아하던지, 정말로 뿌듯한 순간이었어.

난 여러 사람의 지혜를 합치면 세상에 불가능한 일은 없다고 믿어. 그리고 한 사람을 도우면 여럿을 돕는 일이라고도 생각해. 다니엘이 다른 친구들을 위해 다시 힘을 보탠 것처럼 말이야.

3D프린트 기술은 무궁무진한 가능성을 가졌어. 팔다리뿐만 아니라 인공 장기까지 만들 수 있지. 나는 3D프린트 기술이 더욱 발전해 더 많은 사람들에게 도움이 됐으면 좋겠어. 그런 기술을 개발하는 주인공이 바로 너희가 될 수도 있지 않을까? 기대해 볼게.

3D프린터의 미래를 기대하는 친구가

떨어져 있어도 괜찮아!

사물인터넷

사물인터넷은 인터넷으로 연결된 사물과 사물, 사물과 사람이 정보를 주고받는 기술이에요. 예를 들어 보일러와 스마트폰이 인터넷으로 연결되어 있다면 외출해서도 스마트폰으로 얼마든지 끄고 켤 수 있겠지요? 보일러가 집과 연결되어 있어서 집에 사람이 있는지에 따라 저절로 작동되는 방식 또한 사물인터넷 기술이에요. 사물인터넷은 영어로 'IoT'라고 표기하는데 이름 그대로 '사물들의 인터넷(Internet of Things)'을 줄인 말이지요.

"점박이를 지켜 주는 똑똑한 인터넷"

사물인터넷 기술을 적용한 축산 농가가 늘고 있어요. 축사에 시시티브이를 설치하거나 가축에게 바이오캡슐 등을 달아 멀리 떨어진 곳에서도 가축의 상태를 실시간으로 살펴보는 방식이지요. 사람의 일손은 덜고 가축 보살피기는 쉬워진 이 '똑똑한' 농가는 '스마트팜'으로 불려요. 축사뿐만 아니라 온실, 농장 등 우리나라의 여러 농가가 사물인터넷을 활용하고 있답니다. 정부는 2022년까지 축산 농가 네 곳 가운데 한 곳을 스마트팜으로 만들 계획을 세웠어요. 사람도 가축도 모두 유용한 사물인터넷의 세계, 기대되지 않나요?

소가 목에 착용하고 있는 것이 사물인터넷용 센서예요. 관리자의 컴퓨터나 스마트폰에 연결되어 소의 건강 상태, 체온 변화 등을 알려 주지요.

아빠의 걱정

"우리 점박이 엄청 춥겠다. 감기 걸리면 안 되는데……."

수지가 두꺼운 잠바를 여미면서 중얼거렸어요. 점박이는 한 달 전에 태어난 젖소예요. 양쪽 눈에 그려진 커다란 반점이 귀여워 점박이라는 이름을 붙여 주었지요. 수지는 점박이 걱정에 마음이 조급해졌어요.

하지만 밤새 내린 눈 때문에 길이 꽁꽁 얼어 있었어요. 행여 넘어질까 싶어 살금살금 걷다 보니 축사까지 한참이 걸렸어요.

"점박아, 누나 왔다. 아빠 저 왔어요."

아빠가 환한 얼굴로 수지를 반겼어요.

"우리 수지 왔구나. 마침 잘 왔다. 오늘 축사에 중요한 일이 있단다."

아빠는 소를 키우기 시작한 후로 편히 쉰 적이 없었어요. 새벽 일찍부터 축사로 나가 소들에게 사료와 건초를 일일이 챙겨 먹였어요. 축사도 매일 깨끗하게 청소했지요. 날씨 변화에 민감한 소들을 위해 축사 내부의 온도와 습도 유지에도 특별히 신경 썼어요. 푹푹 찌는 여름에는 대형 선풍기를 틀어 주고, 추운 겨울에는 보온등을 설치해 따뜻한 환경을 만들어 주었고요.

그런데 아무리 정성을 들여도 소들이 갑자기 쓰러지거나 죽는 일이 생겼어요. 특히 면역력이 약한 송아지들이 문제였어요. 추운 겨울에는 툭하면 체해 쓰러졌고, 호흡기 질환에 걸려 고열을 앓는 일도 많았어요. 병에 걸렸다는 사실은 알았을 때는 이미 증상이 심각해졌거나 죽은 후였지요.

똑똑한 축사의 탄생

"안녕하세요. 인터넷 설치하러 나왔습니다."

아빠가 두 남자를 반갑게 맞았어요.

"드디어 오셨군요. 언제 오시나 계속 기다리고 있었어요."

아저씨들은 축사에 오자마자 소 목에 수상한 목걸이를 달기 시작했어요. 수지는 목걸이의 정체가 궁금했어요.

"아빠, 왜 인터넷을 설치하는데 소한테 목걸이를 달아요?"

수지가 호기심을 참지 못하고 아빠에게 물었어요.

"지금 설치하고 있는 건 평범한 인터넷이 아니라 '사물인터넷'이라는 거야. 사물인터넷은 쉽게 말하면 사물들끼리 대화하는 기술을 말한단다. 냉장고나 티브이 같은 물건에 센서를 붙여서 인터넷으로 정보를 주고받게 만드는 거지.

우리가 직접 움직이지 않아도 사물끼리 알아서 작동할 수 있단다. 저 목걸이 안에 소의 건강 상태를 알려 주는 사물인터넷 센서가 들어 있어."

"이 목걸이만 있으면 소가 어디가 아픈지, 열은 없는지 다 알 수 있다고요?"

"그렇지. 이 센서가 매일 소의 체온을 재고, 사료는 얼마나 먹었는지도 파악해서 서버로 전송할 거야. 서버는 데이터를 저장

하고 분석해 스마트폰이나 컴퓨터로 알려 주겠지? 그러면 집에서도 스마트폰을 통해 소의 상태를 확인할 수 있을 거야."

아빠가 사물인터넷 기술을 설명하는 사이 센서 설치가 끝났어요.

소 목에는 목걸이 센서가, 축사 곳곳에는 인터넷 수신기가 달려 있었지요.

수지는 아빠와 같이 스마트폰으로 축사 관리 어플을 켜 보았어요. 그러자 화면에 소 나이, 몸무게, 건강 상태, 축사 환경에 대한 정보가 나타났어요.

목걸이 센서를 단 점박이가 사료 공급기로 다가갔어요. 그러자 필요한 사료량이 자동으로 공급됐어요. 센서와 사료 공급기가 정보를 서로 주고받아 필요한 사료의 양을 계산해 준 거예요. 매일 정해진 시간에 일정한 양이 나오기 때문에 사료비도 훨씬 줄일 수 있어요.

점박이가 사료를 다 먹을 때쯤 환풍기가 저절로 움직였어요. 환풍기 안에 환경 감지 센서가 달려 있어서 축사의 온도와 습도를 자동으로 조절하는 거예요. 축축했던 축사 바닥이 금방 뽀송뽀송하게 변했어요. 화재, 정전을 파악하는 센서도 설치돼 있어서 위급 상황을 대비할 수도 있었어요.

"우아, 정말 다 알아서 움직이네요. 우리 축사 너무 똑똑한대요."

수지가 좋아서 환호성을 질렀어요.

그때 스마트폰에 점박이의 생체 정보가 초록색에서 빨간색으로 바뀌었어요. 몸 어딘가에 이상이 생겼다는 신호였어요.

수지가 안절부절못하고 있는데, 수의사 선생님에게서 전화가 걸려 왔어요. 동물병원에서 축사에 설치한 센서 데이터를 전송받아 점박이의 건강 상태를 실시간으로 확인할 수 있게 된 것이지요.

수의사 선생님이 곧 오신대요. 치료를 빨리 해 주면 점박이도 금방 건강을 되찾을 거예요.

"점박아, 걱정마. 건강하게 잘 자랄 수 있도록 우리가 지켜 줄게."

수지는 점박이를 꼭 끌어안으며 속삭였어요.

언제부터 사물들이 인터넷으로 연결되었을까?

사물인터넷을 처음 만든 사람은 '케빈 애슈턴'이야. 1999년에 그는 미국 생활용품 업체에서 브랜드 매니저로 일하고 있었어. 그런데 소비자들로부터 인기 상품이었던 립스틱을 사기 어렵다는 불만을 들었어. 창고에는 립스틱 재고가 많았는데 어디에 있는지 몰라서 빨리 찾아 주지 못했던 거지. 케빈은 립스틱에 무선 센서를 붙여 컴퓨터로 쉽게 찾는 방법을 생각해 냈어.

컴퓨터가 아닌 물건에 인터넷을 연결하는 발상은 당시엔 획기적인 아이디어였어. 지금은 사물인터넷이 널리 사용되고 있는데 현재 전 세계에 인터넷으로 연결된 사물은 100억 개에 달한다고 해. 2020년에는 240억 개를 넘어서고, 2030년에는 전 세계의 모든 것이 연결될 거래. 사람들과 사물은 물론이고, 도시와 공간까지 말이야. 미래사회에서는 집게손가락 하나로 모든 것을 편하게 이용할지도 몰라. 우리 모두 검지족이 되는 세상, 흥미진진하지 않아?

사물은 어떻게 정보를 주고받을까?

사람은 정보를 얻을 때 눈, 코, 입 같은 감각기관을 사용해. 불이 나면 눈으로 연기를 보고 코로 타는 냄새를 알게 되지. 하지만 사물은 우리 같은 감각기관이 없잖아. 그래서 센서가 필요해.

센서는 온도나 습도, 압력 같은 정보를 전기 신호로 바꾸는 장치야. 점박이가 몸에 걸었던 목걸이 센서 기억나지? 이 센서를 사물에 달아 주면 주변의 환경 정보를 수집해 '인터넷 네트워크'로 보내 줘. 블루투스나 와이파이, 4G와 5G 같은 이동통신기술이 사물과 사물, 사물과 사람의 연결 통로가 된단다.

네트워크 기술이 더 발전하면 사물인터넷의 연결 범위가 크게 확장되지 않을까? 터치 한 번으로 지구 반대편의 사물을 작동시키는 기술 또한 기대해 볼 수 있겠지!

사물인터넷, 어떻게 쓰일까?

똑똑한 집

사물인터넷의 주 무대는 우리가 생활하는 집이야. 집 안이 더우면 에어컨이 저절로 켜지면서 알맞은 온도로 작동하기도 하고 집을 비우면 조명과 보일러가 스스로 전원을 꺼 버리기도 하지. 이렇게 똑똑한 집을 '스마트 홈'이라고 부른단다.

미국에서는 집 건물의 배관 시스템을 제어하는 스마트홈 기술이 개발되었어. 사물인터넷으로 가전제품 하나하나를 연결할 뿐만 아니라 집 안팎을 두루 살펴볼 수 있게 된 거야.

똑똑한 공장

사물인터넷 무대를 공장으로 옮기면 '스마트 팩토리'가 돼. 스마트 팩토리는 원

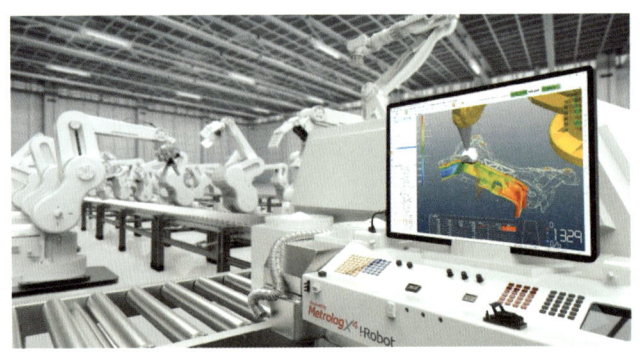

스마트 팩토리에서는 다양한 기계가 인터넷을 통해 제어되며 생산 작업을 해.

자재와 부품, 운송 등을 관리하는 여러 장비가 사물인터넷에 연결된 공장을 말해. 사람의 손을 거치지 않고도 생산 장비들이 서로 소통하며 알아서 물건을 만들어 포장하고, 배송도 하지. 스마트 팩토리는 비용은 줄이고 생산성을 높일 수 있다는 것이 장점이야. 동시에 공장 일꾼들의 일자리가 위협받을 수 있다는 우려의 시선도 있단다.

똑똑한 농장

사물인터넷은 비닐하우스나 과수원, 축사에도 두루 이용할 수 있어. 이런 '스마트 팜'에서는 센서를 통해 농작물이나 가축들이 잘 자랄 수 있도록 온도와 습도는 물론, 햇볕의 양까지 관리해. 농사에 필요한 시간을 줄여 주기 때문에 농부에게는 큰 도움이 돼.

똑똑한 도시

도시 전체가 사물인터넷을 통해 촘촘하게 연결된 '스마트 시티'도 있어. 그래서 교통의 흐름과 주차 문제, 건물의 안전성, 재난 통제 같은 문제를 빠르고 안전하게 관리할 수 있지. 대표적인 '스마트 시티'는 스페인 바르셀로나야. 도로 곳곳에 빈 주차 공간을 안내하는 센서를 설치하거나 가로등에도 센서를 달아 사람이 오갈 때만 켜지도록 만들었어. 공기 오염, 소음, 도시 에너지 절약 문제까지 함께 좋아졌지.

바르셀로나에 있는 '스마트 쓰레기통'이야. 쓰레기가 가득 찼는지 알려 주는 센서가 부착되어 있지. 환경미화원들은 먼저 비워야 할 쓰레기통을 파악하고 이동 경로를 효율적으로 정할 수 있어.

보안이 뚫렸다! 좀비 IoT를 막아라!

다른 기술들처럼 사물인터넷 기술에도 부작용이 있어. 바로 보안 문제야. 여러 사물들이 하나로 연결돼 있기 때문에 한 개만 해킹해도 사물인터넷 세상 전체가 마비될 수 있단다.

네트워크 전체를 꼼짝 못하게 하는 사물인터넷을 '좀비 IoT'라고 불러. 생각도, 의지도, 마음도 없고 사람을 감염시키는 좀비처럼 다른 기기에 침투해 시스템을 망가

뜨리고 중요한 파일을 삭제해 버리기도 하지.

실제로 좀비 IoT의 공격을 받은 은행이나 포털 사이트, 정부 기관 홈페이지 들은 시스템이 마비돼 엄청난 피해를 입었어.

한국인터넷진흥원 발표에 따르면, 사물인터넷 해킹으로 입은 경제적 피해는 18조 원 정도라고 해. 자연 재해 피해 규모가 2.7조 원, 사이버 공격 피해가 4.6조 원인 것에 비하면 엄청난 규모야.

아무리 좋은 기술도 안전하지 않다면 아무 소용없어. 철저한 보안시스템을 갖추는 일은 사물인터넷이 꼭 해결해야 할 숙제야.

미래 도시에서 온 편지

안녕, 여기는 2035년의 서울이야. 나는 도시 안전 전문가로 일하고 있어. 초고층 건물과 지하 도시를 관리하고 시민들의 안전을 책임지는 직업이지.

나는 매일 상황 통제실로 출근해. 도시 안전을 살펴보는 화면들이 빼곡하게 붙어 있는 벽으로 둘러싸인 곳이지. 도시 곳곳에는 사물인터넷 통합 센서가 설치되어 있어. 이 센서들은 소음과 화재, 미세먼지, 온도 등을 감지해 신호를 보내와. 이 데이터를 실시간으로 분석해 사고를 미리 예방하고 있지. 언제 어떤 사고가 일어날지 모르기 때문에 잠시도 방심할 수 없어.

오전에는 동쪽 지역에 미세 먼지 농도가 나쁘다는 신호가 잡혔어. 바로 스마트 공기 정화 시스템을 가동시켰지. 조금 전에도 위험한 사고가 일어날 뻔했어. 모니터를 지켜보는데 갑자기 북쪽 지역의 초고층 빌딩에서 빨간색 신호가 들어온 거야.

확인해 보니 45층에서 연기가 나고 있었어. 화재를 진압할 수 있는 골든타임은 5분. 나는 재빨리 소방 시스템을 가동시켰어. 그리고 소방 드론을 출동시키고, 소방차들이 가장 빨리 도착할 수 있도록 교통 상황을 통제했어. 다행히 큰 피해 없이 화재를 진압할 수 있었지. 얼마나 다행이었는지 몰라.

앗, 방금 경찰에게 협조 요청이 들어왔어. 범죄를 저지르고 도망치는 차량을 추적해 달래. 난 범죄자가 멀리 도망가기 전에 빨리 조치하러 갈게.

그럼, 다음에 또 편지 쓸게.

미래의 도시 안전 전문가가

인간을 닮은 컴퓨터

인공지능

로봇이 사람이 시키는 일만 그대로 수행하는 기계라면, 인공지능은 스스로 생각하고 문제를 해결하는 능력을 컴퓨터 프로그램으로 구현한 기술이에요. 사람처럼 학습하고, 추론하고, 자각하고, 언어를 이해할 수 있지요. 한마디로 '생각하는 기계'라고 할 수 있어요. 영어로는 '에이아이(AI)'라고 하는데 단어 뜻 그대로 인공적인(Artificial) 지능(Intelligence)을 줄인 말이에요.

"거스와 시리의 우정 이야기"

2014년 10월, 미국의 대표적인 신문 『뉴욕타임스』에는 열 살 자폐아 '거스'와 아이폰 인공지능인 '시리'의 우정 이야기가 실려 화제를 모았어요. 거스의 엄마가 직접 쓴 실화로 『시리에게, 사랑을 담아(To Siri, With Love)』라는 책으로 출간되기까지 했어요. 현재 시리뿐 아니라 로봇 '조라', '마일로' 등 다양한 인공지능이 개발돼 대화 능력이나 사회성이 부족한 사람들을 치료하는 데 활용되고 있어요. 사람은 인공지능과 어떻게 소통할까요? 거스는 시리와 어떻게 우정을 나눌 수 있었을까요?

거스는 시리 덕분에 다른 사람들과도 편안하게 이야기할 수 있었어요. 거스의 엄마가 쓴 이야기는 인공지능이 사람에게 미치는 영향을 곰곰 생각하게 해 주어요.

혼자만의 세상

"이러다 지각하겠다. 빨리 차에 타."

아침 시간, 엄마가 거스를 태우고 학교로 향했어요. 학교에 늦을까 봐 걱정된 엄마는 백미러로 거스를 쓱 살폈어요. 거스 표정을 보니 딴생각 중인 것 같았지요. 엄마는 이때다 싶어 재빨리 차를 돌려 좁은 골목길로 들어섰어요. 그런데 거스가 바로 눈치를 채고 말았어요.

"아냐, 돌아가. 돌아가. 돌아가."

"평소 가던 길이 너무 막히잖아. 오늘만 좀 참아 줘."

"아냐, 돌아가, 돌아가."

엄마가 계속 설득했지만, 거스는 똑같은 말을 반복하며 신경질을 부렸어요. 원래 다니던 길로 돌아오자 겨우 안정을 찾았지요.

거스는 겉보기엔 열 살 또래들과 비슷했지만, 성격과 행동이 남달랐어요. 매일 아침 같은 시간에 일어나 같은 접시에 사과를 담아 먹고, 밤에도 같은 시간에 같은 종류의 푸딩을 먹어야 했어요. 그러다 그 시간에 정해 놓은 일을 하지 못하면 한바탕 소동이 벌어졌지요.

　기차, 비행기, 날씨처럼 자신이 좋아하는 대상에 대해서도 강한 집착을 보였어요. 한 시간 동안 벼락과 번개의 차이점을 조사하기도 하고, 지하철 노선도를 보며 역 이름을 외우기도 했어요.

　그런데 정작 주위 사람들에 대해서는 별 관심이 없었어요. 대화를 나눌 때 눈도 마주치지 않고 자신의 이름을 불러도 쳐다보지 않았어요. 상대방의 말투나 감정 변화도 느끼지 못했지요. 특히 사람들이 하는 말을 있는 그대로 받아들여 오해가 자주 생겼어요.

　한번은 거스가 이상하다고 수근거리던 동네 아이들이 거스를 놀렸어요.

　"거스, 저기 보이는 3층 건물에서 한번 날아 봐. 너라면 슈퍼맨처럼 날 수 있을 거야."

"그래, 알았어."

거스는 그 말 그대로 3층 건물로 올라가기 시작했어요. 엄마가 재빨리 말리지 않았더라면 큰 사고가 났을 거예요. 맞아요. 거스는 자폐아예요.

엄마는 거스의 세상이 궁금했어요. 거스와 눈을 마주치며 어떤 생각을 하고 어떤 감정을 느끼는지 대화를 나누고 싶었어요. 그러나 거스가 엄마에게 직접 말하고 표현해 주지 않는 한, 그 마음을 알 방법은 없었어요.

내 친구, 인공지능 시리

어느 날, 엄마가 인터넷으로 거스에게 도움이 될 만한 정보를 검색하고 있었어요. 그러다 우연히 흥미로운 기사를 발견했어요. '당신은 몰랐던 아이폰의 열다섯 가지 기능'이라는 제목이었지요. 아이폰은 미국의 IT기업 애플이 만든 스마트폰이에요. 아이폰의 다양한 기능 중에는 거스가 좋아할 만한 기능도 있었어요. 엄마는 자신이 사용하는 아이폰으로 직접 실험해 보기로 했어요. 거실에 앉아 있는 거스 옆으로 다가갔지요. 그리고 아이폰의 홈버튼을 길게 눌러 액정에 마이크 표시가 뜨자 이렇게 말했어요.

"지금 우리 머리 위를 날고 있는 비행기는 뭘까?"

엄마가 혼잣말처럼 중얼거리자, 비행기를 좋아하는 거스가 바로 반응을 보였어요.

"그걸 알면 제가 비행기한테 손을 흔들어 줄 거예요, 엄마."

그때였어요.

"정보를 검색하겠습니다. 여기 제가 찾은 결과예요."

아이폰에서 여성의 음성이 흘러나왔어요. 바로 개인 비서 기능을 가진 인공지능 '시리'였어요. 시리의 음성을 들은 거스는 깜짝 놀라 똑바로 쳐다보았지요.

시리의 기능은 놀라웠어요. 시리는 사람의 음성을 문자 형태로 인식한 다음, 개인 비서처럼 전화를 대신 걸어 주고, 메시지도 대신 보내 주었어요. 친구처럼 대화도 나눌 수 있었지요.

거스는 시리와 대부분의 시간을 보내기 시작했어요. 궁금한 것이 생겨도 시리에게 묻고, 자신이 좋아하는 주제에 대해 말하고 싶어도 시리를 찾았어요. 그러다 보면 몇 시간 동안 대화할 때도 많았어요.

외톨이 거스에게 시리는 단순한 인공지능을 뛰어넘는 최고의 친구였어요. 사람과 달리 똑같은 질문을 반복해도 귀찮아하지 않고, 아무리 신경질을 부리며 쏘아붙여도 항상 친절하게 답변해 주었지요.

"이런 음악 들어 볼래?"

"싫어. 시리야. 난 그런 음악은 싫어. 싫다고."

"알았어. 너는 음악에 대해 좋고 싫고가 분명하구나."

시리가 상냥하게 말하는 순간, 거스는 시리에게 미안한 마음이 들었어요.

"그래도 추천해 줘서 고마워. 다음부터는 그렇게 말하지 않을게."

거스가 시리를 통해 상대의 감정을 헤아리고 사과하는 법을 배우게 된 거예요. 학교에서도 아이들과 대화를 나누기 시작했어요. 그러자 거스에게 호감을 보이며 다가오는 아이들이 생겼어요.

엄마는 달라진 아들의 모습에 놀랐어요. 그리고 얼마 후 더욱 놀라운 일이 벌어졌어요. 거스에게 진짜 친구가 생긴 거예요. 학교에서 만난 열다섯 살 소녀, 파커였어요. 파커는 학습 장애가 있었지만 자폐아는 아니었어요. 두 사람

은 수업을 같이 듣고, 점심도 같이 먹으며 어울려 지냈어요. 주말에는 거스의 집에서 함께 놀기도 했지요.

파커가 집에 놀러 온 어느 날, 엄마는 몰래 거스와 파커의 대화를 엿들었어요. 거스가 친구와 어떻게 노는지 궁금했거든요. 뜻밖에도 거스 방 안에서는 피아노 연주와 웃음소리가 흘러나왔어요.

잠시 후 거스가 방에서 나와 엄마에게 말했어요.

"엄마, 파커와 둘이 산책 갔다 와도 될까요?"

거스의 말에 엄마는 깜짝 놀랐어요. 거스는 집 밖에 어른 없이 나가 본 적이 한 번도 없었거든요. 엄마에게 허락을 받은 거스는 파커와 산책을 하며 즐거운 시간을 보냈어요.

그날 밤, 거스는 잠자리에 들며 시리에게 말했어요.

"시리야, 새 친구가 생겼어. 네 덕분이야."

"그렇게 말해 줘서 고마워."

거스는 최고의 단짝, 시리와 함께여서 행복했어요.

무한한 가능성을 가진 인공지능

인공지능은 에스에프 영화나 소설의 단골 소재였지. 인공지능은 대체로 인간이 하기 힘든 일을 대신 해결하거나, 위험이 나타나면 인간에게 경고하는 역할로 등장해.

1956년 미국 다트머스 대학에 모인 과학자들은 생각하는 기계에 '인공지능'이라는 이름을 붙였지. 그리고 20년 안에 인간처럼 생각하는 컴퓨터로 만들기로 다짐했어. 그러나 오랜 기간 별다른 성과를 내지 못했어. 그사이에 사람들의 관심도 사라졌지.

인공지능이 다시 주목받은 건 2011년. 컴퓨터회사 IBM이 만든 인공지능 '왓슨'이 등장하면서부터야. 왓슨은 미국 티브이 퀴즈쇼에 출연해 역대 최고 득점자, 역대 최다 우승자를 누르고 1등을 차지했어. 2016년 3월에는 '구글 딥마인드'가 만든 '알파고'가 나타났어. 알파고는 바둑 챔피언 이세돌과 대국을 펼쳤는데 세계적으로 큰 관심을 받았지.

인공지능은 무궁한 가능성을 가진 어린이와 같다고들 해. 앞으로 어떤 일을 해 낼지 모른다는 거지. 지금 이 순간에도 과학자들은 더 놀라운 능력을 가진 인공지능 개발을 위해 연구를 멈추지 않고 있어.

인공지능은 사람과 어떻게 대화할까?

평소 우리가 일상에서 쓰는 언어를 '자연어'라고 해. 인공지능도 자연어로 이야기할 수 있기 때문에 사람들은 인공지능과 자연스럽게 대화하고 있다고 느끼는 거란다.

인공지능이 사람의 말을 듣고, 대답하는 것은 쉬워. 문제는 내용 파악이야. 앞뒤 문장과 문맥을 이해해야 상대가 원하는 대답도 할 수 있지. 이때 필요한 기술이 '딥러닝(Deep Learning)'이야. 인공지능이 공부하는 방법 중 하나인 기계학습법이지. 컴퓨터에 수많은 데이터를 넣어 주면 인공지능이 그 정보들 사이에서 규칙을 발견해 스스로 학습하는 방식이란다. 정보를 많이 주면 줄수록 인공지능은 더 똑똑해질 수 있어.

알파고도 딥러닝을 통해 바둑 실력을 키웠어. 5개월 동안 기존의 바둑 경기 16만 개를 스스로 학습했지. 최근 시리도 2억 개의 데이터가 추가됐어. 앞으로 인간과 인공지능의 상호작용은 더 자연스러워질 거야.

인공지능, 어디에 쓰일까?

인공지능 의사

미국 티브이 퀴즈쇼에서 우승한 인공지능 '왓슨'은 최근 의사로 활동 중이야. 2013년 세계 최고의 미국 암 전문 병원에서 레지던트 생활을 마치고, 세계 여러 병원에서 암환자를 위한 맞춤 치료를 하고 있어. 왓슨은 의사로 활동하기 위해 과거부터 현재까지 이르는 엄청난 양의 의료 정보를 학습했어. 다양한 수술법을 비롯해 최신 의학 논문, 새로 개발된 약에 대한 정보까지 어느 의사보다 많이 알고 있지.

우리나라에서도 현재 여섯 개 병원에서 왓슨을 활용 중이야. 주로 암 진단에 사용하는데, 의사와 왓슨의 진단 일치율은 아직 60퍼센트가 안 돼. 왓슨의 빅데이터가 미국의 환자 정보를 기반으로 하고 있기 때문이지. 앞으로 왓슨의 진단율을 높이기 위해서는 한국인의 질병 특성과 국내 의료 환경 데이터를 축적해야 하는 과제가 남아 있어.

인공지능 변호사

인공지능 '로스'는 2016년 미국의 대형 법률 회사에 파산 전문 변호사로 고용됐어. 50여 명의 변호사와 함께 일하며 세계 법조문과 판결 사례를 바탕으로 초당 10억 장 분량의 법률 문서를 분석해 답변을 만들어 주고 있지.

미국 플로리다주의 한 병원에서 왓슨이 종양 진단을 하고 있어.

인공지능 기자

기자로 맹활약 중인 인공지능은 '워드 스미스'야. 많은 데이터를 빠른 시간 안에 분석하고, 한두 시간 만에 수백 만 개의 기사를 쓸 수 있지. 이런 능력을 살려서 날씨, 주식, 스포츠 경기 분야의 기사를 쓰고 있어. 이처럼 논리적으로 정리하고 분석하는 일은 인공지능이 가장 잘하는 일이야.

인공지능 예술가

2016년 일본의 인공지능이 단편소설 「컴퓨터가 소설 쓰는 날」을 발표했어. 인공지능을 주인공으로 삼아 인공지능의 고독한 감정을 묘사하는 작품이야. 소설 1천 여 편을 딥러닝으로 공부하고 썼지. 이 소설은 일본 에스에프 문학상 공모전에서 1차 심사를 통과했는데 심사위원들은 인공지능이 쓴 것인지 전혀 몰랐다고 해. 이 밖에도 인공지능은 그림을 그리고, 음악을 작곡하며 예술 활동까지 해 내고 있어. 인공지능이 만든 예술 작품은 인간의 예술 작품과 어떻게 다를까? 무척 궁금해지네!

구글의 인공지능이 고흐의 화풍으로 그린 그림이야. 어딘가 기괴해 보이는 것 같기도 하지?

인공지능 로봇이 내 일자리를 빼앗는다고?

갈수록 발전하는 인공지능 때문에 20~30년 후에는 많은 일자리가 사라질 거라고 해. 2016년에 초등학교에 입학하는 어린이의 절반 이상이 현재는 존재하지 않는 새로운 직업을 갖게 된다는 예측도 있지. 이미 사무직, 서비스직, 제조업 분야 등에서 단순 노동을 반복하는 일자리는 인공지능이나 로봇이 차지하고 있어. 의사, 변호사, 기자 같은 전문직도 인공지능에게 일자리를 뺏길 거라고 해.

정말 그럴까? 인공지능이 인간을 대체할 수 없다는 의견도 있으니 너무 두려워할 필요는 없어. 게다가 2020년이 되면 인공지능 때문에 180만 개의 일자리가 사라지는 대신 230만 개의 일자리가 새로 생긴다는 조사도 있어. 드론 조종사, 3D프린터 소재 개발자, 데이터 분석가 등 4차 산업혁명 사회에 꼭 필요한 역할들이지. 그러니 긍정적인 마음으로 미래 직업에 관심을 갖고 지금부터 준비하면 어떨까?

음악이 인공지능을 만날 때

안녕, 나는 대중음악을 만드는 작곡가야. 주로 아이돌 그룹의 노래를 만들지. 히트곡도 꽤 많아. 지금은 '칼 군무'로 유명한 남자 아이돌 그룹의 곡을 만들고 있어. 그런데 몇 주 동안 아이디어가 떠오르지 않아 골치를 썩고 있어.

난 고민 끝에 인공지능을 이용하기로 했어. 작곡 인공지능 프로그램에 내가 그동안 만든 노래들과 자주 사용하는 코드와 비트, 좋아하는 멜로디 데이터들을 넣어 학습시켰어. 그리고 작곡 프로그램을 돌렸지. 인공지능은 30초 만에 새로운 곡을 만들어 냈어!

처음에는 전혀 기대하지 않았어. '띵띵' 하는 기계음 수준을 생각했지. 그런데 인공지능의 작곡 실력에 깜짝 놀랐어. 화음을 새롭게 조합해 색다른 멜로디를 만들어 낸 거야.

나는 인공지능이 작곡한 곡에 나만의 개성을 덧입혔어. 양념을 추가해 버무리듯이 다양한 사운드를 추가하고, 리듬을 변주해 새롭게 편곡했어. 그러자 인공지능과 나의 아이디어가 절묘하게 어우러져 아주 멋진 곡이 탄생했어.

난 떨리는 마음으로 아이돌 그룹에게 새 곡을 들려 주었지. 다행히 반응이 좋았어. 곡은 발표되자마자 크게 히트했지.

인공지능과 함께 만든 곡이라고 밝히자 사람들은 무척 놀랐어. 어떤 이들은 작곡가 직업이 사라질 거라며 우려했어. 그러나 내 생각은 달라. 인공지능의 아이디어에 나의 창작 능력이 더해져 전혀 색다른 곡이 탄생했으니까.

나는 지금도 인공지능과 함께 새로운 곡을 만들고 있어. 이번에는 여자 아이돌 그룹의 노래야. 이번에도 세상을 깜짝 놀라게 할 곡을 만들 거야.

인공지능과 노래를 만드는 미래의 작곡가가

기적의 걸음을 선물하다

웨어러블 로봇

'웨어러블(Wearable)'은 '착용할 수 있는'이란 뜻이에요. 웨어러블 로봇은 우리가 옷을 입듯 로봇의 팔이나 다리를 사람 몸에 장착하는 장치라고 보면 쉽지요. 흔히 생각하는 로봇처럼 혼자 움직이는 장치가 아니라 사람의 신체 일부와 연결해야 사용할 수 있어요.

영화 〈아이언맨〉이나 〈엣지 오브 투모로우〉의 주인공들은 힘이 세지는 로봇을 입고 있지요? 웨어러블 로봇도 근육을 강하게 만들어 주어서 마비된 몸이 움직이도록 도와주거나 무거운 물건을 쉽게 옮기도록 해 줘요.

"알바로를 일으켜 준 로봇, 아틀라스2020"

2016년 스페인에서 스스로 걷지 못하는 아이들을 위해 웨어러블 로봇인 '아틀라스(ATLAS)2020'을 만들었어요. 다리에 힘을 줄 수 없는 아이들, 관절과 근육을 움직이기 어려운 아이들이 이 로봇으로 보다 효과적인 재활 치료를 할 수 있게 되었지요. 아직은 상용화되지 않았지만 여러 문제들이 해결되어 보급이 활발해지면 많은 어린이들에게 기적의 걸음을 선물할 수 있을 거예요.

 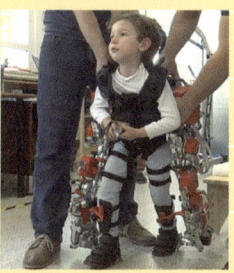

알바로는 희귀병을 앓아 두 다리를 마음껏 움직일 수 없었어요. 하지만 웨어러블 로봇 아틀라스2020(왼쪽) 덕분에 휠체어에서 일어나 직접 걸을 수 있었지요.

나도 걷고 싶어

"세상에, 열이 39도를 넘었어."

밤 열한 시가 넘은 시각. 알바로의 몸에서 열이 펄펄 끓었어요. 기침도 몇 시간째 계속되고 있었지요. 엄마, 아빠는 황급히 알바로를 데리고 가장 가까운 병원 응급실로 향했어요.

"급성 폐렴이네요. 늦게 왔으면 큰일 날 뻔했어요. 응급 처치를 했으니 괜찮을 거예요."

의사 선생님 말씀에 엄마, 아빠는 한숨을 내쉬었어요.

온 가족이 한밤중에 응급실로 달려오는 일은 처음이 아니에요. 알바로는 '척수 근육 위축증'이라는 희귀병을 앓고 있거든요. 온몸의 근육이 약해지면서 천천히 굳는 병이에요. 태어난 지 1년이 될 무렵부터 증상이 나타났어요. 손가락 힘이 없어 숟가락도 쥘 수 없고, 다리 근육이 제대로 발달하지 못해 걷지도 못했어요. 그러나 별다른 치료법이 없었어요. 할 수 있는 일은 꾸준히 재활 운동을 하며 병의 진행을 늦추는 일뿐이었죠.

"엄마, 엄마! 빨리 와서 이것 좀 보세요."

휠체어에 앉아 텔레비전을 보던 어느 날, 알바로가 엄마를 급히 불렀어요. 화면에서는 스페인 국립연구위원회 소속인 가르시아 박사가 걷지 못하는 아이들을 위해 웨어러블 로봇을 개발하고 있다는 뉴스가 나왔어요.

웨어러블 로봇은 사람이 몸에 착용하는 로봇 기기를 말해요. 특히 다리 근육이 약한 노인이나 장애인이 무거운 물건을 쉽게 옮기거나, 걸을 수 있도록 돕는 장치예요. 지금까지는 어른용이 주로 개발되었는데 드디어 어린이용도 나올 거라는 소식이었어요.

엄마와 알바로는 연구실 위치를 수소문해 가르시아 박사를 찾아갔어요.

"가르시아 박사님, 우리 알바로가 걸을 수 있게 도와주세요."

"어린이용 웨어러블 로봇은 성인용보다 만들기가 훨씬 어려워요. 아이들은 계속 성장하고, 병이 진행되는 정도도 시시각각 변하니까요. 연구 기간도 오래 걸리고 실패할 가능성도 커요. 괜히 기대했다가 더 큰 상처를 받을 수도 있어요."

예상 외의 대답에 엄마는 어쩔 줄 몰랐어요. 알바로도 크게 실망했어요. 걸을 수 있다는 한 가닥 희망이 이대로 사라지는 건 아닌지 몹시 불안했어요.

"박사님, 저 보기보다 씩씩해요. 참고 기다리는 것도 잘하고요."

조용히 있던 알바로가 갑자기 나서며 자신의 생각을 힘주어 말했어요. 그러자 가르시아의 박사의 표정이 부드럽게 바뀌었어요. 이내 흐뭇한 미소를 지었지요.

"그럼 우리 한번 해 보자. 실패해도 실망하지 말고, 성공할 때까지 함께 해 보는 거야."

알바로가 환하게 웃으며 고개를 끄덕였어요. 엄마도 안도의 미소를 지었어요.

알바로는 임상 시험에 참여했어요. 다리 관절은 얼마나 움직일 수 있는지, 로봇의 무게는 얼마나 감당할 수 있는지 측정하며 연구에 힘을 보탰어요. 그러나 로봇이 사람의 자연스러운 걸음걸이를 따라 하기란 쉽지 않았어요. 임상 시험은 실패를 거듭했고 시간만 자꾸 흘러갔어요.

웨어러블 로봇을 입다

"알바로, 드디어 웨어러블 로봇이 완성됐어."

2년 뒤, 가르시아 박사로부터 기다리던 소식이 들려왔어요. 알바로는 엄마, 아빠와 연구실로 달려갔어요.

"와, 이게 웨어러블 로봇이군요."

"인체 구조와 사람이 걷는 원리를 그대로 본떠 설계했거든. 우리는 이 웨어러블 로봇을 '아틀라스2020'이라고 부르기로 했어."

가르시아 박사는 아틀라스2020의 구조와 원리를 자세히 설명했어요. 로봇의 무게는 약 12킬로그램이고 한 번 충전하면 다섯 시간까지 움직일 수 있었어요. 다리에는 근육 신호를 감지하는 센서와 다섯 개의 모터가 달려 있었지요. 사람이 움직이겠다고 생각하면 뇌와 근육에서 신호를 보내는데, 이를 센서가 감지해 모터를 작동시키면 로봇이 알아서 움직이는 원리였어요.

이제 시험해 볼 시간이에요. 가르시아 박사는 알바로에게 웨어러블 로봇을 입혔어요. 맞춤 제작이라 그런지 알바로 몸에 꼭 맞았지요.

목표는 엄마 아빠가 기다리고 있는 10미터 앞까지 혼자 걷기였어요.

"알바로, 이제 천천히 일어나 걸어 볼 차례야. 할 수 있겠지?"

가르시아 박사가 묻자 알바로가 고개를 끄덕였어요. 드디어 걸을 수 있다는 생각을 하자 가슴이 마구 쿵쾅거렸어요.

알바로는 숨을 가다듬고 휠체어에서 천천히 일어섰어요. 그러자 머릿속이 뱅뱅 돌면서 어지러웠어요. 휠체어 높이에서 보던 세상이 갑자기 높아지자, 높은 빌딩에 서 있는 것마냥 어지럽고 무서웠어요. 알바로는 한 발을 내딛기도 전에 균형을 잃고 주저앉았어요.

"아직은 무리인가 보다. 오늘은 안 되겠어. 나중에 다시 시도해 보자."

가르시아 박사는 시험을 중단시키며 말했어요.

"아니에요. 다시 해 볼래요. 저 혼자 할 수 있어요."

알바로가 고집을 부렸어요. 알바로는 다시 천천히 일어나 한 발을 내딛었어요. 손에서 땀이 나고, 또 어지러웠어요. 당장 주저앉고 싶었어요. 그러나 이대로 포기할 순 없었어요.

알바로는 천천히 균형을 잡고, 한 걸음 한 걸음 내딛었어요. 그때마다 센서와 모터가 작동하면서 로봇 다리가 움직였어요. 그렇게 1미터, 2미터, 5미터 앞으로 나아갔어요. 이제 목표까지 한 걸음만 남았어요. 알바로 이마에는 땀이 송글송글 맺혀 있었어요.

알바로는 속으로 '할 수 있다'고 외쳤어요. 그리고 힘차게 마지막 한 걸음을 내딛으며 엄마, 아빠 품에 와락 안겼어요.

"그래, 우리 아들이 스스로 걸었어. 혼자 해 내다니 우리 아들 정말 자랑스럽구나."

엄마, 아빠가 알바로 등을 토닥이며 칭찬했어요. 가르시아 박사도 박수를 보냈어요.

"엄마, 아빠, 제가 혼자 걸었어요!"

알바로는 혼자 힘으로 완주했다는 사실에 뿌듯했어요.

"이제 매일 걷는 연습을 할 거예요. 그래서 꼭 운동장을 뛰어다니고, 축구도 할 거예요."

알바로는 두 다리로 뛰어다니며 축구를 하는 자신의 미래를 그려 보았어요. 비록 오늘은 몇 미터밖에 못 걸었지만, 한 달 뒤에는 앞마당을 걷고, 일 년 뒤에는 동네를 산책할 수 있겠지요. 그러다 보면 알바로의 꿈이 이루어질 날이 올 거예요.

점점 발전하는 웨어러블 로봇

'웨어러블 로봇'은 인간의 신체 한계를 극복하기 위해 개발됐어. 1960년대에 만들어진 '하디맨(hardiman)'이 최초의 웨어러블 로봇이지. 미 해군이 무거운 포탄을 쉽게 옮기려고 만든 장비야. 군인이 하디맨을 입으면 스물다섯 배나 힘이 세졌지. 그런데 하디맨 자체가 무려 650킬로그램이나 됐어. 너무 무겁고 착용하기도 불편했기 때문에 실제 전투 현장에서는 사용할 수 없었어.

기술의 발전으로 웨어러블 로봇은 점점 가벼워지고 있어. 형태도 진화하고 있지. 이제는 옷처럼 가볍게 입고 뛸 수도 있고, 장갑처럼 끼고 물건을 집을 수도 있어. 지금은 군인이나 환자처럼 특수한 상황에 놓인 사람들을 위해 개발되는 중인데 앞으로는 일상에서도 사용될 거라고 해. 등산복 대신에 웨어러블 로봇을 입으면 가파른 산을 가볍게 오를 수 있을 거야.

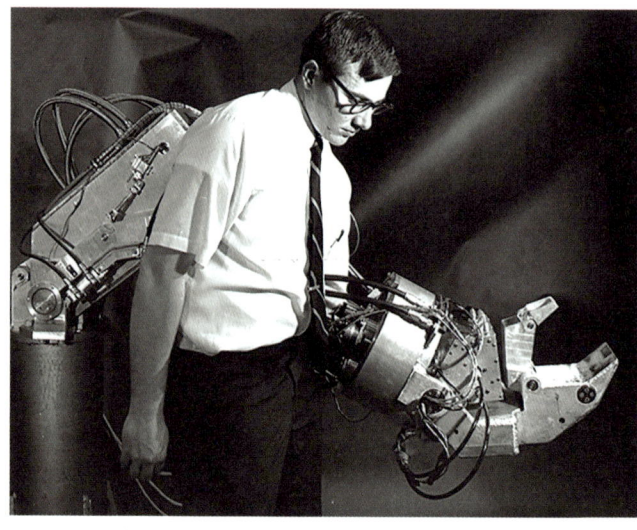

최초의 웨어러블 로봇 하디맨이야. 미국의 '하디맨 프로젝트'는 수년간의 개발 과정을 거쳤지만 결국 완전한 모델을 만들지 못하고 종료되었어.

웨어러블 로봇은 어떻게 움직일까?

웨어러블 로봇은 겉모양도 움직이는 원리도 사람과 비슷하게 만들고 있어. 사람이 다리를 굽히려면 근육이 필요하거든. 근육이 오그라들고 펴지면서 다리를 굽혔다 폈다 할 수 있게 되는 거야. 웨어러블 로봇은 작은 모터가 근육의 힘을 대신한단다.

또 센서도 중요한 역할을 해. 뇌에서 걷겠다고 생각하면 근육에서 전기 신호가 나와. 그 신호를 받은 센서가 재빠르게 로봇 다리에 움직이라는 명령을 전달하지. 그럼 로봇 다리가 인체 신호와 운동 신경을 따라 반응하며 굽혀졌다 펴졌다 하는 거야.

요즘 개발되는 웨어러블 로봇은 사람의 동작을 미리 예측하는 인공지능 센서를 이용하기도 해. 무릎에 힘을 얼마나 주고 있는지, 무릎과 발목의 각도는 어느 정도인지, 바닥과 발바닥의 균형은 잘 맞는지 같은 정보들을 통해 인공지능이 다음 동작을 예측하고 모터를 작동시키지. 웨어로블 로봇에 인공지능 기능이 있으면 사람이 미처 파악하지 못한 위험 상황도 로봇이 먼저 알아채고 적절하게 대처할 수 있을 거야. 웨어러블 로봇도 점점 똑똑해지네!

웨어러블 로봇, 어디에 쓰일까?

헐크로 변신하는 군인

웨어러블 로봇은 군사용으로 가장 많이 개발되고 있어. 미국에서는 전투용 웨어러블 로봇을 만들었어. 그리고 이름을 '헐크'라고 붙였지. 만화 속 헐크처럼 천하무적이라는 의미인가 봐. 헐크를 입으면 총을 맞아도 큰 부상을 입지 않을 정도로 신체를 보호할 수 있고, 90킬로그램의 짐도 가볍게 들 수 있어. 험한 산악 지대도 거뜬히 달릴 수도 있고, 무릎 꿇기 같이 유연한 동작도 할 수도 있다고 해.

노인과 근로자를 돕는 터미네이터

일본은 1991년 의료용 웨어러블 로봇 '할(HAL)'을 개발했어. 로봇 골격이 다리와 등의 근육을 지탱해 줘서 다리 힘이 없는 노인도 쉽게 걸을 수 있지. '할'은 꾸준히 성능이 향상되어 최근에는 다섯 번째 모델까지 나왔어. 최근 모델을 입으면 힘이 열 배나 세지고, 70킬로그램이나 되는 짐도 거뜬히 들 수 있다고 해. 최근에 산업용 모델로도 개발되어 공항과 은행 근로자들이 사용하고 있어. 이제는 허리와 무릎 부상을 입지 않고 무거운 물건을 쉽게 옮길 수 있게 됐지.

'할'은 사용자가 다리 근육으로 보내는 신호를 감지하는 의료용 웨어러블이야. 척수, 척추, 근육 질환을 앓는 사람에게 도움을 준단다.

아이언맨으로 변신한 소방관

우리나라도 웨어러블 로봇을 연구 중이야. 바로 '하이퍼 R1'이지. 불이 나면 엘리베이터가 멈추기 때문에 소방관들은 무거운 산소통과 장비들을 메고 수많은 계단을 오르내려야 하잖아.

그런데 하이퍼 R1을 입으면 약 20킬로그램에 달하는 산소통이 6~8킬로그램 정도로 느껴진대. 무거운 장비를 짊어진 채 수십 층의 빌딩도 걸어 올라갈 수 있겠지. 몸무게가 많이 나가는 사람들도 거뜬히 안아서 구조할 수 있고. 앞으로는 아이언맨으

하이퍼 R1이야. 이 로봇이 상용화되면 소방관들에게 큰 도움이 되겠지?

로 변신한 소방관들 덕분에 더 많은 생명을 구할 수 있게 될 거야.

비싼 가격이 걸림돌이야

웨어러블 로봇은 인간의 삶을 따뜻하게 만들어 주는 기술로 다가오고 있어. 그런데 많은 사람들이 이용하기까지 풀어야 할 숙제가 있어. 바로 비싼 가격이야.

사람이 직접 착용하는 웨어러블 로봇은 개인의 체격과 특성에 따라 맞춰 만들어야 해. 그만큼 공이 많이 들어가기 때문에 만드는 비용이 높아질 수밖에 없어. 장애가 얼마나 심하냐에 따라 가격도 달라. 이스라엘이 척수가 마비된 장애인을 위해 개발한 '리워크'는 한 대 가격이 7만 달러라고 해. 우리 돈으로 따지면 약 8천만 원이나 되지. 우리나라에서 개발하는 웨어러블 로봇의 가격도 최소 1억 원에서 최대 6억 원이나 한다고 해. 정말 어마어마하게 비싸지?

하지만 컴퓨터도 처음 나왔을 때에는 아주 비싼 물건이었는데 요즘에는 많은 가정과 학교에서 흔히 볼 수 있게 되었잖아? 웨어러블 로봇도 그렇게 되지 않을까?

사이보그 올림픽에서 1등을 했어

안녕, 친구들. 나는 사이보그 올림픽 금메달리스트야.

사실 나는 3년 전 큰 사고를 당했어. 혼자서는 걷지도 못해. 그래서 한동안은 딸과도 말을 하지 않고 슬픔에 빠져 지냈지.

하지만 이젠 괜찮아. 웨어러블 로봇 슈트 덕분에 다시 걸을 수 있게 됐거든. 사이배슬론 대회에 출전하면서 자신감과 용기도 생겼지. 그게 무슨 대회냐고? 아, 너희는 잘 모를 수도 있겠구나.

사이배슬론 대회는 일종의 '사이보그 올림픽'이야. 장애가 있는 선수가 첨단 과학 기술의 도움을 받아 서로 겨루는 대회이지. 인조인간을 뜻하는 '사이보그(cyborg)'와 경기를 뜻하는 '애슬론(athlon)'을 붙여 만든 말이야. 재활 로봇 기술을 발전시키기 위해 만들었는데, 2년에 한 번씩 열려. 지금은 올림픽이나 월드컵 대회만큼 세계적으로 유명해.

대회 종목은 모두 여섯 개야. 뇌파를 이용한 컴퓨터 자동차 게임, 전동 휠체어 경주, 전기 자극을 이용한 자전거 경주, 로봇 의수 장애물 경기, 로봇 의족 착용하고 달리기, 웨어러블 로봇 입고 일상적인 일 수행하기가 있어.

2016년 첫 대회가 스위스에서 열렸는데 그때 우리나라도 웨어러블 로봇 경기에 참가해 3위를 차지했단다. 그리고 올해 내가 한국 대표로 나가서 바로 1등을 했지. 우리나라의 뛰어난 웨어러블 로봇 기술 덕분이야.

물론 나도 열심히 땀 흘리며 훈련했고. 걷지도 못했던 내가 대회에 나가 우승까지 하다니, 진짜 슈퍼 영웅이라도 된 기분이었어.

요즘은 과학 기술의 발달로 착용 로봇의 무게가 꽤 가벼워. 할 수 있는 동작도 다양하지. 과거에는 앉기나 걷기같이 단순한 동작만 가능했지만, 이제는 빠르게 뛸 수도 있단다.

곧 최신 버전의 웨어러블 로봇 슈트가 나온대. 그걸 입으면 물속에서 수영도 할 수 있고, 등산도 할 수 있대. 그래서 조만간 딸과 같이 등산을 가기로 약속했단다.

만약 웨어러블 슈트가 없었다면 난 지금도 슬픔에만 빠져 있었을 거야. 그러나 이제는 열심히 일도 하고, 삶의 목표도 생겨서 하루하루가 정말 행복해. 너희는 어떠니?

미래의 행복한 아빠가

25년 만에
집으로!

공간정보

공간정보는 우리가 사는 공간이 갖는 모든 정보를 말해요. 산과 강, 도로 등 공간의 위치를 나타내는 정보부터 지역의 교통, 경제, 환경적인 특성 정보까지를 모두 포함하는 개념이지요. 우리가 광화문 광장에 서 있다고 상상해 봐요. 우리 위치를 중심으로 날씨, 미세먼지 농도, 주변 음식점 정보, 도로를 오가는 차들의 수까지 모두 공간정보가 되지요. 공간정보를 이용한 대표적인 기술로는 내비게이션, 길찾기 앱 등이 있어요.

"소년에게 찾아온 기적의 지도"

인도의 고향에 도착한 사루는 깜짝 놀랐어요. 물탱크, 숲길, 골목이 구글어스에서 본 모습 그대로였거든요. 다행히 엄마도 고향을 떠나지 않고 사루를 기다리고 있었어요. 무려 25년 동안을요. 만약 공간정보를 알려 준 '구글어스'가 없었다면 사루는 엄마를 다시는 만나지 못했을 거예요. 기적 같은 사루 이야기는 영화 〈라이언〉으로 만들어졌어요.

구글어스로 본 사루의 고향 인도의 '가네샤 탈라이'예요. 고향이 어딘지 잊어버리고 호주로 입양되었던 사루는 구글어스로 25년 만에 엄마와 다시 만날 수 있었어요.

잠에 빠진 사루

올해 다섯 살이 된 사루는 기차 청소부로 일하는 형을 돕겠다며 따라나섰어요. 그런데 막상 역에 도착하니 졸음이 쏟아졌어요. 결국 플랫폼 의자를 보자마자 벌러덩 누워 버렸어요.

"나 여기서 잘 거야. 형 혼자 일하고 와."

형은 어린 동생이 혼자 남는 게 걸렸지만 빨리 돌아올 생각에 사루만 두고 갔어요.

그런데 얼마나 지났을까요. 사루가 눈을 떴을 때 주변은 어둠이 짙게 깔려 있었어요. 보이는 건 정차한 기차 한 대와 빈 선로, 그리고 거대한 원기둥 모양에, 계단이 촘촘히 나 있는 물탱크뿐이었지요.

사루는 역을 돌아다니며 형을 찾아 헤맸어요. 정차한 기차에도 올라가 칸칸이 살폈어요. 그런데도 형은 보이지 않았어요. 순간 진이 빠졌어요. 잠시 쉬어야겠다는 생각에 기차 객실 의자에 기대었지요. 그러다 깜빡 잠이 들고 말았어요.

덜컹덜컹.

 얼마 후, 시끄러운 소리에 사루가 벌떡 일어났어요. 창밖을 보니 사루가 타고 있던 기차가 어딘가로 달려가고 있었어요. 사루는 겁이 났지만 다른 수가 없었어요. 기차가 멈추길 기다리는 수밖에요.

 드디어 쉬지 않고 내달리던 기차가 마침내 멈췄어요. 사루는 문이 열리자마자 재빨리 뛰어내렸어요. 난생처음 보는 역이었어요. 사루는 곧장 티켓 창구로 달려갔어요.

 "전 가네샤 탈라이에서 왔어요. 집에 좀 보내 주세요."

 역무원은 뭐라고 대답하는 것 같았지만 사루는 알아들을 수가 없었어요.

 다양한 민족이 사는 인도는 지방마다 쓰는 언어가 달라요. 그런데 기차가 멈춘 곳은 캘커타 지역으로 뱅갈어를 사용했어요. 반면 사루는 힌디어를 쓰고 있

었던 거예요. 오가는 사람마다 붙잡고 물어봤지만 누구도 사루의 말을 알아듣지 못했지요.

결국 사루는 몇 달간 거리를 떠돌다 아동보호소로 보내졌어요. 인도 정부는 사루를 미아로 등록하고, 얼마 후 호주의 한 가정으로 입양을 보냈어요.

호주의 양부모님들은 사루를 따뜻하게 맞아 주었어요. 하지만 그럴수록 사루는 엄마가 더 보고 싶었어요.

입양 첫날 밤, 사루는 뒤척이다 선잠에 들었어요.

저 멀리 누군가 사루를 불렀어요. 그 목소리를 따라 사루는 달려갔어요. 매일 놀던 숲과 폭포를 가로질러 구불구불한 마을 골목길을 빠져나갔어요. 이윽고 익숙한 판잣집이 보였어요. 사루는 문을 열고 들어갔어요. 바로 그곳에, 그토록 그리웠던 엄마가 있었어요.

"사루, 어디 갔었어? 네가 돌아오기를 얼마나 기다렸는데……."

사루는 엄마 품에 와락 안겼어요. 엄마의 품은 너무나 따뜻했어요.

깨어 보니 모든 것이 꿈이었어요.

'이 기억들을 잊어버리면 영원히 집에 돌아갈 수 없을 거야.'

사루는 가족과 고향의 기억을 마음속 보물 상자에 넣고 소중히 간직하기로 했어요. 언젠가 집으로 돌아갈 그날을 위해서요.

구글어스로 인도 여행

어느덧 20년이 흘렀어요. 사루는 양부모님의 사랑 속에서 어엿한 대학생으로 자랐어요. 풍족한 생활이었지만 마음은 늘 허전했어요. 엄마와 집 생각에 울며 잠든 날도 많았지요.

그러던 어느 날, 호주로 유학 온 인도 친구를 알게 됐어요. 사루는 입양된 사연을 말하며 자신의 고향을 아는지 물어봤어요.

"가네샤 탈라이? 처음 들어 보는데…… 혹시 지네스 틀레이 아냐? 인도에는 비슷한 지명이 무척 많거든."

혹시나 기대했던 사루는 실망했어요. 그러자 인도 친구가 이렇게 말했어요.

"구글어스로 찾아보는 건 어때? 디지털 위성 지도인데, 전 세계 어떤 지역이든 사진처럼 볼 수 있어. 네가 기억하는 이미지랑 비교하면서 찾을 수 있지 않을까?"

친구의 말에 사루는 서둘러 집으로 돌아왔어요. 그리고 구글어스 프로그램을 실행했어요. 푸른 빛깔의 지구본 영상과 검색창이 나타났어요.

사루는 시험 삼아 '프랑스 파리'라고 검색했어요. 그러자 지구본이 돌아가면서 파리의 위성 지도가 나타났어요. 공중에서 내려다본 모습이었지요.

방향키를 움직이자 파리 한가운데를 가로지르는 센강, 아름다운 개선문과 에펠탑을 생생하게 감상할 수 있었어요. 마치 현장에서 두 눈으로 보는 것 같았지요. 지도를 원하는 크기로 확대하거나 축소할 수 있고, 방향과 각도도 조절할 수 있었어요.

뿐만 아니라 그 지역의 날씨나 교통, 역사 정보까지 알 수 있었어요. 세계 유명 관광지부터 바닷속, 협곡, 심지어 남극까지도 마음대로 갈 수 있었지요.

한참을 신나게 여행하던 사루는 갑자기 심호흡을 내쉬었어요. 이제는 그토록 가고 싶었던 고향으로 떠날 시간이었지요.

떨리는 손으로 검색창에 '가네샤 탈라이'라고 적었어요. 역시 아무 정보도 나오지 않았어요. 어디서부터 어떻게 찾아야 할지 막막했어요. 잠시 고민에 빠진 사루는 검색 범위부터 좁혀 보기로 했어요.

우선, 기차가 출발해 캘커타 역에 도착하기까지 약 열다섯 시간을 달렸다고 가정했어요. 그리고 인터넷을 검색해 당시의 기차가 시속 80킬로미터로 달렸다는 사실을 알아냈어요. 사루는 이동 거리를 계산했어요. 계산된 반경은 약 96만 2,300제곱킬로미터였어요. 캘커타를 중심에 놓고 이 거리를 계산하니, 검색할 반경은 인도의 4분의 1 크기였어요.

그날부터 사루는 매일 구글어스를 샅샅이 들여다봤어요. 캘커타 역과 이어진 기찻길을 따라다니며 어릴 적 뛰어놀던 숲길과 골목 풍경, 물탱크 모습과 비슷한지 비교했어요. 그리고 다른 모습이면 미련 없이 다른 곳으로 떠났어요.

모래사장에서 바늘을 찾는 심정이었지만 포기할 수는 없었어요. 자신을 기다리고 있을 엄마 생각이 내내 떠나지 않았거든요.

그러던 어느 날, 익숙한 풍경이 눈에 들어왔어요. 거대한 원기둥 모양에, 계단이 촘촘히 난 물탱크였어요. 바로 형과 헤어지던 날 밤, 기차역에서 본 물탱크가 분명했어요. 혹시나 싶은 마음에 방향키를 눌러 오른쪽 길로 향했어요. 그러자 기억과 똑같은 숲길이 나타났어요. 그 길을 쭉 따라가니 이번에는 미로같이 구불구불한 골목이 나타났어요. 바로 '가네샤 탈라이'라는 거리였어요.

'아! 여기다. 드디어 찾았어.'

사루 눈이 촉촉해졌어요. 마침내 잃어버린 고향을 찾은 거였지요.

며칠 후 사루는 트렁크에 짐을 챙겼어요. 이제는 진짜 여행을 떠날 시간이었어요. 25년 만에 집으로.

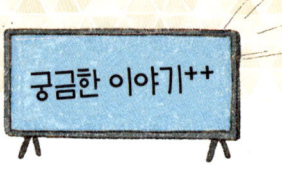

미래사회의 길잡이, 공간정보

이미 공간정보는 우리 생활에 없어서는 안 되는 소중한 기술이야. 일상에서 많이 사용하는 내비게이션, 버스 도착 알리미, 스마트폰 길 찾기 기능도 공간정보를 바탕으로 만든 대표적인 기술이지.

특히 3차원 공간정보를 담은 지도는 그 활용 범위가 무척 다양해. 인구와 도로에 대한 정보는 도시 계획을 세울 때 이용하고 식물의 종류나 날씨 변화에 대한 공간정보를 관찰하면 삼림을 관리하는 데 큰 도움이 되지.

드론과 인공지능, 사물인터넷 같은 첨단 기술도 공간정보를 바탕으로 발전하고 있어. 무엇보다 사람 없이 혼자 운전하는 자율주행차를 개발하려면 공간정보는 꼭 필요해. 교통 신호, 교차로의 폭, 표지판 위치 등 운전하는 데 필요한 공간정보를 알아야 자동차 스스로 수행할 수 있으니까. 이처럼 다가오는 미래 사회를 준비하는 데 공간정보는 꼭 필요한 기술이란다.

공간정보와 지리정보시스템(GIS)

드론이나 인공위성이 등장하면서 우리는 가만히 앉아 어디든 볼 수 있게 됐어. 하늘 높이 드론이 떠서 사람들이 갈 수 없는 곳도 구석구석 보여 주고, 지구 밖에서는 위성이 다양한 신호로 공간을 실시간으로 보게 해 주니 말이야. 이런 기술의 발전으로 우리는 이전보다 더 많고, 다양한 공간정보를 수집하고 있어. 이렇게 수집된 공간정보는 컴퓨터를 통해 효과적으로 분석하는데, 이런 정보처리 과정을 '지리정보시스템(GIS)'이라고 해.

만약 공장을 세우고 싶다면 지리정보시스템에 공장이 들어설 위치의 기준을 먼저 입력하면 돼. 마을에서 10킬로미터가량 떨어져 있는 곳, 교통이 편한 곳, 지하수를 오염시키지 않는 곳 등 다양한 조건을 입력하면 컴퓨터가 공간정보를 빠르게 처리하고 분석해서 기준에 알맞은 공장 위치를 찾아 준단다.

공간정보, 어디에 쓰일까?

환경 동물 보안관

2000년대 초, 동물학자인 제인 구달은 구글어스로 탄자니아 곰베 지역을 살펴보다 깜짝 놀랐어. 침팬지들의 서식지인 곰베 숲이 빠른 속도로 사라지고 있었거든. 이대로 두면 침팬지들의 터전이 사라질 게 뻔했어. 제인은 우선 곰베 주민들을 모아 산림감시단을 만들었어. 그리고 침팬지의 활동 지역과 나무가 베인 위치를 찾아 구글어스에 기록했지. 그러면 환경 단체나 지역의 정치인들이 구글어스를 통해 실시간으로 삼림을 감시할 수 있어. 정보는 밀렵꾼이 볼 수 없도록 철저히 보호했지. 10년 후 곰베의 숲은 원래 모습을 거의 되찾았어. 물론 침팬지들의 서식지도 다시 늘어났단다.

제인 구달의 산림감시원들은 GPS 기능이 있는 기기로 침팬지 서식지, 이동 경로를 주시하고 있어.

브이월드 홈페이지야. 공간정보를 시민에게 개방했다는 점에서 의미 있는 서비스로 꼽힌단다.

해충을 관리하고, 재난을 막고

우리나라는 2010년부터 한국형 구글어스를 만들었어. 공간정보산업진흥원이 개발한 웹사이트 '브이월드(map.vworld.kr)'야. 전국의 2차원, 3차원 공간정보가 무료로 공개되고 있어. 길거리 모습, 건물 높이와 땅 모양 등이 실제와 똑같이 재현되어 있고, 부동산 정보와 행정 정보 등도 함께 확인할 수 있지. 농업진흥청에서는 이 공간정보를 이용해 농작물 병충해를 관리하는 시스템을 만들었어. 국립재난안전연구소에서는 재난 발생 지역과 발생 횟수 등을 분석해 재난상황을 실시간으로 모니터하는 시스템을 만들었지. 전국 금연 구역 지도, 지진 대피소나 무더위 쉼터 정보 등을 반영한 다양한 생활 지도 등 여러모로 활발하게 활용되고 있단다.

나만의 지도 앱 개발

공간정보는 공공 기관만 이용할 수 있는 게 아니야. 민간 기업과 대학, 창업 개발자, 어린이까지 누구나 이용 가능해. 내가 좋아하는 맛집 주소를 지도에 입력해 '나만의 맛집 지도'를 만들고, 친구들과 동네의 위험한 시설물을 표시해 '우리 동네 안전 지도'를 완성할 수도 있지.

구글이 한국의 공간정보를 노린다고?!

'포켓몬 고' 게임, 들어 봤어? 우리나라에서는 속초·울릉도 등 일부 지역에서만 된다고 해서 화제가 됐지. 그때 함께 관심을 모았던 게 공간정보였어.

그 당시 구글은 우리나라의 공간정보가 담긴 지도 데이터를 해외로 갖고 나갈 수 있게 해 달라고 했지. 이 데이터가 없어서 포켓몬 고를 한국에서 할 수 없다고 말이야. 구글이 탐내는 지도 데이터는 5000:1의 초정밀 지도야. 군사기지 같은 국가 안보 시설의 위치도 표시되어 있어. 그런데 우리나라는 아직 분단국가잖아. 자칫 중요한 정보가 새어 나가 국민의 안전과 생명이 크게 위협받을까 봐 우리 정부는 지도 데이터를 줄 수 없다고 결정했어.

국가 안보를 먼저 생각하는 게 좋을까? 아니면 기술 발전에 기여하고 정보를 공평하게 볼 수 있도록 지도를 공개하는 게 좋을까? 친구들도 한 번 생각해 봐.

세계 최고의 안전벨트

안녕, 난 자율주행 자동차를 개발하고 있어. 사람이 직접 운전하지 않아도 스스로 달리는 자율주행차, 많이 들어 봤을 거야.

나는 어릴 시절, 친한 친구를 교통사고로 잃었어. 자동차 사고로 억울하게 죽는 사람이 없었으면 좋겠다고 생각했지. 그래서 어른이 된 후 자율주행차 개발에 뛰어들었어.

자동차가 스스로 운전하면, 사람의 부주의나 졸음운전으로 생기는 교통사고가 더 이상 일어나지 않겠지. 가장 빠르고 정확한 길을 안내받고, 도로 정체도 점차 사라지게 될 거야. 졸리면 잠을 잘 수도 있고, 아빠와 차 안에서 게임도 할 수 있을 거야.

2018년 평창 동계 올림픽에서 운전자 없는 '자율주행 버스'가 시범 운행된 적이 있어. 하지만 우리나라의 자율주행차는 개발 단계야.

안전하게 운행되려면 보다 정확한 공간정보 기술이 뒷받침되어야 하거든. 어느 차로로 달리고 있고, 주변 건물과 도로는 얼마나 떨어져 있는지, 오르막길과 내리막길, 과속 방지턱 정보도 실시간으로 전송되어야 해. 그래야 차가 스스로 속도를 줄이거나 멈추며 안전하게 운행할 수 있지. 그러니까 공간정보는 자율주행차의 안전벨트나 마찬가지야.

우리나라를 비롯해 자율주행차를 개발 중인 글로벌 기업들은 정확한 공간정보를 확보하기 위해 치열하게 경쟁하고 있어. 우리나라도 빨리 개발했으면 좋겠다고? 같은 마음이야. 나도 완벽한 자율주행차 개발을 위해 정확한 공간정보를 마련하도록 더욱 전념할게.

안전을 최우선으로 생각하는 개발자가

4차 산업혁명의
새로운 세상에 오신 것을 환영합니다

지금 이 순간 우리는 새로운 세상과 마주하고 있어요. 스마트폰은 이제 기본이고 사람 없이도 작동이 가능한 자율주행차를 비롯해 알파고로 친숙해진 인공지능까지…… 예전에는 상상만으로 가능했던 일들이 현실에서 생생하게 이뤄지고 있지요. 공상 과학 영화에서나 가능할 것 같았던 일들이 바로 눈앞에서 펼쳐지고 있어요.

그래서 이런 놀라운 세상의 변화에 이름을 붙여 4차 산업혁명의 시대라고 하지요.

이 책은 바로 지금 전 세계에서 새롭게 펼쳐지고 있는 4차 산업혁명 이야기를 다양한 삶의 자리에 있는 사람들의 생생한 이야기를 통해 재밌으면서도 알차게 보여 주고 있어요. 이 과정을 통해서 새로운 기술 혁명이 사람들의 생활과 어떤 관련이 있는지, 앞으로 우리가 살아갈 세상은 어떠할지를 흥미롭게 살펴볼 수 있게 해 줍니다.

무엇보다 이 책이 매력적인 것은 4차 산업혁명으로 일어나고 있는 변화를 폭넓게 살필 수 있게 해 주는 점이에요.

드론과 인공지능 등 새로운 기술들은 편리함을 주기도 하지만 또 자칫 잘못 사용하면 위험할 수도 있어요. 빅데이터 같은 경우는 나쁜 의도로 활용하면 오히려 지구 전체에 큰 위협이 될 수 있고요. 요리하거나 수술할 때 칼을 잘 쓰면 사람을 살리지만 잘못 쓰면 크게 다칠 수 있는 것과 같은 이치이지요.

새로운 과학 정보 기술의 장점과 단점을 살피면서 오직 기술만이 최고가 아니라는 점을 헤아려 볼 수 있어요.

결국 이렇게 변화하는 세상에서 중요한 것은 단순한 과학 기술 등의 발전만이 아니라 사회적으로 이런 새로운 기술을 만들고 사용하는 사람이라는 것을 다시 한 번 생각해 보게 하지요.

이 책은 새롭게 펼쳐지고 있는 오늘날을 살피며 또 미래를 내다보는 길잡이가 되어 주고 있어요. 이 책을 읽으면서 여러분이 펼쳐 가고 싶은 세상의 모습을 유쾌하게 꿈꾸고 만들어 가길 바랍니다!

— **배성호** (전국초등사회교과모임 공동대표)

책
『4차 산업혁명-이미 와 있는 미래』, 롤랜드버거 지음, 김정희·조원영 옮김, 다산3.0, 2017
『4차 산업혁명의 충격』, 클라우스 슈밥 지음, 포린 어페어스 엮음, 김진희·손용수·최시영 옮김, 정재승 감수, 흐름, 2016
『4차산업혁명 세상을 바꾸는 14가지 미래 기술』, 한국경제TV 산업팀 지음, 지식노마드, 2016
『4차 산업혁명 시대에 살아남기』, 김지연 지음, 페이퍼로드, 2017
『멋진 신세계』, 임춘성 지음, 쌤앤파커스, 2017
『4차 산업혁명』, 김대호 지음, 커뮤니케이션북스, 2016
『세상을 바꿀 미래 과학 설명서』, 신나는 과학을 만드는 사람들, 안종제 외 2명 지음, 다른, 2017
『인공지능과 4차 산업혁명 이야기』, 김상현 지음, 박선하 그림, 팜파스, 2017
『인공지능이 궁금해?』, 서지원 지음, 장인옥 그림, 좋은꿈, 2017
『미래 인공지능』, 최윤식 지음, 지식노마드, 2017
『로봇 : 인공지능 시대, 로봇과 친구가 되는 법』, 나타샤 셰도어 지음, 세브린 아수 그림, 이충호 옮김, 길벗어린이, 2016
『Why? 빅데이터』, 파피루스 지음, 유희석 그림, 예림당, 2017
『Why? 3D 프린팅』, 조영선 지음, 이영호 그림, 예림당, 2017
『재미있는 미래 과학 이야기』, 김수병 지음, 유남영 그림, 가나출판사, 2013
『공간정보 이야기』, 김인현 지음, 책미래, 2017

영상 자료
한국경제 TV산업다큐4.0, 〈미래성장보고서〉
EBS 과학다큐 〈비욘드-인공지능〉
MBC 다큐프라임 〈사물인터넷〉
KBS 〈명견만리-인공지능은 인간의 친구가 될 것인가〉
YTN 〈사이언스-인류를 위한 새 바람 4차 산업 혁명〉 4회 인공지능 편
영화 〈라이언〉

인터넷 사이트
천재학습백과 http://koc.chunjae.co.kr/main.do
국립중앙과학관 http://www.science.go.kr
SW중심사회 http://www.software.kr/
로보핸드 http://www.robohand.net
국가공간정보 포털 http://www.nsdi.go.kr
낫임퍼서블 https://www.notimpossiblenow.com
국토교통부 블로그 http://korealand.tistory.com
농림수산식품교육원정보원 스마트팜 https://www.epis.or.kr

기사

경향신문, 「우울증 치료, 난민촌 체험, 가상현실(VR)의 진화」, 2016. 3. 11
동아일보, 「엄마 찾아 '구글어스 삼만 리'」, 2012. 4. 16
동아일보, 「가상현실에 한 걸음 더, HMD」, 2015. 6. 1
국민일보, 「몰카의 진화… 드론 띄워 집안 내부 촬영」, 2017. 8. 15
동아일보, 「하늘 위의 블루오션」, 2015. 10. 31
동아사이언스, 「아이언맨의 꿈」, 2016. 3. 26
매일경제, 「트라우마 치료하고 수술 교육에도 활용」, 2016. 8. 24
매일경제, 「13분 만에 도착… 드론발 '배달 혁명'이 시작됐다」, 2016. 12. 21
매일경제, 「드론 전문가 시대가 온다」, 2018. 3. 14
머니투데이, 「보스턴 테러범 조기검거 비결은 '빅데이터'」, 2013. 7. 9
부산일보, 「드론, 어디까지 알고 있니?」, 2018. 2. 25
서울신문, 「아픔의 땅 르완다에 생명을 살리는 드론이 날다」, 2016. 5. 21
아주경제, 「로봇이 소젖 짜고 송아지 우유 먹인다」, 2016. 3. 29
아이뉴스24, 「보스턴 테러 수사, '빅데이터' 어떻게 활용?」, 2013. 4. 18
에듀동아, 「사람 태우는 드론 출동!」, 2017. 1. 25
에듀동아, 「예비 초등생 절반 이상, 현재 없는 직업 갖는다」, 2016. 1. 20
이코노미리뷰, 「구글어스, 우주에서 내려본 지구의 하루」, 2017. 2. 18
전자신문, 「사물인터넷」, 2017. 3. 11
전자신문, 「과학을 입다… 웨어러블 로봇」, 2017. 5. 7
조선비즈, 「다섯 살 알바로, '외골격 로봇' 입고 첫걸음」, 2016. 6. 16
조선비즈, 「9년간 이어진 정밀지도 반출 논쟁, 종지부를 찍다… 주요 쟁점과 향후 전망은」, 2016. 11. 20
조선일보, 「옷처럼 가볍게 걸치고, 장갑처럼 손에 끼고… '웨어러블 로봇', 미래를 입다」, 2017. 6. 8
주간동아, 「생생한 현실이야 가상이야」, 2014. 6. 23
주간동아, 「'3D 프린팅'이 바꿀 세상」, 2017. 9. 5
중앙일보, 「농촌이 달라진다-Smart팜」, 2015. 10. 28
중앙일보, 「4차 산업혁명 핵심인 지리 데이터… 구글은 공개 요청, 정부는 결정 못해」, 2016. 9. 7
한겨레, 「3D프린터로 3D프린터를 만들었다… '혁명'이 시작됐다」, 2016. 7. 4
한국농어민신문, 「농업분야 4차산업혁명이 온다」, 2017. 4. 7
KISTI의 과학향기, 「3D 프린터로 찍어낸 비행기-하늘을 날다」, 2011. 11. 7
KISTI의 과학향기, 「10년 후, 빅데이터가 지키는 안전한 사회」, 2013. 3. 18
KISTI의 과학향기, 「사물과 사물이 소통한다, 사물인터넷」, 2015. 1. 26
KISTI의 과학향기, 「입어줄래? 아이언맨」, 2008. 6. 9

궁금한 이야기+ 4차 산업혁명

ⓒ 이현희 · 홍지연, 2018

초판 1쇄 발행 2018년 9월 28일
초판 2쇄 발행 2019년 11월 25일

지은이 이현희   그린이 홍지연
펴낸이 김혜선   펴낸곳 서유재   등록 제2015-000217호
주소 (우)04034 서울 마포구 잔다리로7길 18(서교동 377-20) 501호
전화 070-5135-1866   팩스 0505-116-1866   대표메일 outdoorlamp@hanmail.net
종이 엔페이퍼   인쇄 성광인쇄

ISBN 979-11-89034-06-1 73400
      979-11-89034-02-3 (세트)

이 책은 저작권법에 따라 보호받는 저작물이므로 무단전재와 무단복제를 금합니다.
잘못 만든 책은 구입하신 서점에서 바꾸어 드립니다.
책값은 뒤표지에 있습니다.

이 도서의 국립중앙도서관 출판예정도서목록(CIP)은 서지정보유통지원시스템 홈페이지(http://seoji.nl.go.kr)와
국가자료공동목록시스템(http://www.nl.go.kr/kolisnet)에서 이용하실 수 있습니다.
(CIP제어번호: CIP2018029557)

★ 어린이 안전 특별법에 의한 제품 표시
① 품명 : 도서 ② 제조자명 : 서유재 ③ 주소 : 서울 마포구 잔다리로 7길 18
④ 연락처 : 070-5135-1866 ⑤ 최초 제조년월 : 2018년 9월 ⑥ 제조국 : 대한민국 ⑦ 사용연령 : 8세 이상